宮本常一著作集 42

父母の記／自伝抄

未來社刊

父母の記／自伝抄

目次

凡　例

一　著作集収録にあたり、「父の死」「祖母の死と葬儀の次第」をのぞき、本文は、原則として旧仮名遣いは新仮名遣いに、旧漢字は新漢字に改めた。引用文については、原則として底本にしたがった。

二　著作集収録にあたり、文章・文体を損なわない限り、漢字に改めた仮名、仮名に改めた漢字、平仮名に改めた片仮名がある。また、読み仮名、送り仮名、読点を付す等、表記を改めた箇所もある。

三　［　］内は編者による註記である。

四　本文中、現在では用いられない不適切な表記・表現があるが、著者が故人であることと時代性を考え、そのままにしてある。

父母の記／自伝抄

ふるさとの島　周防大島

平凡な島

瀬戸内海には比較的大きな島が三つあります。淡路島、小豆島、周防大島です。周防大島は屋代島とも言いました。広島湾の南を限った東西に長い島で、地図を見ると金魚のような形をしています。大きい島ではあるけれど、平凡な島として、瀬戸内海について書いた書物の中にはほんのちょっぴり書かれるか、または全然書かれていないことがあります。

外から見れば、これという名勝もなく、また歴史的な遺跡もないので、魅力を感じないのだと思いますが、これを内側から見ていくと、瀬戸内海の中ではもっとも活気のあった島の一つではないかと思います。

この島はすでに『古事記』などにも見えていますが、この島の人たちの活動の目ざましくなっていくのはずっと後のことで、一八世紀の初めごろからです。そのころ、島でサツマイモが作られるようになります。それまではムギ・アワ・ヒエ・ソバなどを畑につくり、田には稲を作り、海岸では塩を炊き、また魚をとり、貧しい生活をたてていたようです。

それがサツマイモが作られるようになってたべるものが増えてくると、人が急に増えはじめます。そして一七四〇年ごろから一八四〇年ごろまでの一〇〇年ほどの間に島の人口は二・五倍も増えて、六万人に達します。しかも水田を作っている島の西部の村むらよりも、畑を多く作っている島の東部の村むらのほうが人口の増え方が目ざましく、三倍以上も増加した村が少なくありません。

よく働く女性

ちょうどサツマイモが作られるようになったころから、島では綿も作られるようになるのですが、綿は島で作るだけではなく大阪地方からも買ってきて、それを糸につむぎ、綿屋へ持っていきます。綿屋は布一反を持ってゆくと、二反分の綿をくれます。すると残りの一反分の綿を糸にして、自分の家で着る布を織ったといいます。

このような仕事はすべて女の仕事だったのです。一人で仕事するのは辛気（退屈）なものですから、たいてい娘仲間が集まって糸ひき歌をうたいながら糸をつむいだということです。

一八五〇年ごろに毛利藩から村むらの百姓たちに農業のことについていろいろの質問状を出していますが、その中に、大島郡では田畑の仕事に女が出て働いているのをほとんど見かけないがどうしたことか、というのがあります。その答えに、女たちはみな家の中で木綿糸をつむぎ機を織っているために外に出ることがない、けっして遊んでいるのではなく、木綿織りをしていることで大きく家計を支えている、と言っています。

出稼ぎ

しかし、六万もの人たちが働くほど、島には仕事がたくさんあるわけではなかったので、一九世紀の初めごろから出稼ぎにゆくものが増えていきます。まず島の東のほうの人は帆船の船子(水夫)として働く人が多く、島の中ほどの人は初めは木挽《こびき》として、後には大工として、はじめは四国地方に、後には上方や九州地方へも出稼ぎにゆくようになります。

また島の西部の北岸の人たちは石垣積みとして、山口県の各地から北九州の方へ出かけてゆき、島の西部の南岸地方の人たちは、山口県三田尻地方の塩田の浜子として働きに出かけます。

また女たちは、家で糸つむぎや機織りをしているばかりでなく、山口県の山間地方の田植えや稲刈りに出かけてゆき、また女中奉公にゆくものも少なくなかったのです。このようにして明治の初めごろ、島の外へ稼ぎに出かける者が一万人をこえていました。

それでもなお島は貧しかったのです。なぜなら子どもがつぎつぎに生まれて、後をついでくれるものには田畑をゆずれるとしても、それ以外の者には田畑をわけてやるわけにはいかなかったので、農業以外の仕事を島外に見つけて出かけてゆくよりほかなかったのです。

海外移住者

それが明治一七年にハワイ政府から移民の募集があり、それに出かけてゆくと、内地で働くよりは収入が二倍以上にものぼると聞いて、多くの人が渡航費など借りて出かけていきます。そして期待したような金をもうけて帰国する者があると、島の人たちは相ついでハワイに渡ってゆき、多いときは三〇〇〇人をこえ、行って帰ってきたものを合わせると、ハワイ、アメリカなどの土を踏んだ者は一万人にも達しただろうといわれています。

このようにハワイ行きがさかんになると、さらにマニラ、ペルー、フィジーなどへも出稼ぎする者があり、さらに台湾、朝鮮、満州などへも出かけてゆきます。

昭和二〇年の敗戦の後、島へ引きあげてきた者が二万人にのぼりました。その中には、内地の都会から引きあげた者もあったのですが、外地から引きあげてきた者は、そのうち一万五〇〇〇人にのぼったとみられています。

このように出稼ぎの目ざましい島だったのですが、その後は出かけていってもってこない離村者の多い島になり、現在人口は四万人足らずまでに減ってしまいました。

父祖三代の歴史

島と申すは多く山のはしご畠にて浜辺の新開砂畠に綿少々つくり候ところも有之候

『周防大島農業問答』

黒船のうわさ

嘉永六年（一八五三）六月三日、ペルリのひきいるアメリカ軍艦四隻が浦賀にやってきたとき、瀬戸内海のなかの島の一つ、周防大島の西方村の地侍野原吉兵衛にも江戸湾警備のための出向命令が下った。地侍というのは禄を持たない武士のことで、他藩の郷士《ごうし》にあたる。日ごろは百姓をして暮らしをたてているが、門構えと玄関のある家に住み、田畑へいくにも刀を一本だけはさしていなければならなかった。しかし重くては動作に不便なので、竹光《たけみつ》を用いていた。これだけの区別で吉兵衛は百姓から旦那様とよばれたが、実質は一般百姓と何らかわるところがなかった。が、ひとたび戦争でもおこれば、よび出される運命が待っていた。

江戸湾警備のための出向命令が下がると、彼はあわてて仲間《ちゅうげん》をさがさねばならなかった。彼は自作農で、出入りの百姓もなかった。そこで、百姓で学問もあり、手習師匠もしている喜右衛門に仲間をたのんだ。喜右衛門は快くひきうけた。喜右衛門は自作兼小作の村では中位の百姓であったが、子供のときから字がすきで寺へいって字をならい、あとはほとんど独学で、そのころ村一番の学者になっていた。気のよい、しかし腹のすわった人材であった。吉兵衛は喜右衛門に槍をもたせて江戸へのぼった。喜右衛門はその旅さきでいろいろのものを見た。世の中の動きも、人の心も……。そしてその年もおしせまったころ帰郷したのである。

喜右衛門の土産話をきいて、「いまにどえらいことになる」と島の百姓たちはみな考えるようになった。「かならずアメリカやロシヤという国と大戦争をしなければならぬときがくる。そのとき江戸の天下様（将軍）はあてにならぬ。日本の国は百姓が守らねばならぬ」それが喜右衛門が、いつも話のしまいにつけくわえた言葉であった。この旅からもどって以来、喜右衛門の弟子はうんとふえた。彼は藁をうち、草履をつくりながら、弟子ども——といっても、いっしょに仕事している者——に世間のことや学問のはなしをしてきかせたのである。

きこえる時の鼓動

元来、周防大島というところは貧窮をきわめた島であった。島の西部は水田があって米をたべることもできたが、島の東半は畑が大半で、甘藷と麦を常食にしていた。それも甘藷のなかった江戸中期までは、島の人口は二万五〇〇〇人ほどだったのが、甘藷がつくられるようになると、たちまち六万人をこえ、東部の諸村では、九〇年ほどのあいだに三倍をこえるほどふえたところが少なくない。これはまたひどいふえすぎで、各村ともその窮乏は甚しく、西方村では盗人が処刑されたとき、その経費の地元負担に困りはてて藩へ免除を願い出たほどであり、隣村の安下庄《あげのしょう》では村民窮乏のために税がおさめられず、村が破産し、藩から金を借りて建直しをしたことがあった。

この藩民の貧しさは、この藩が関ガ原の戦にやぶれて、中国九カ国を防長二カ国に削封されたときからはじまるものである。とくに大島というところは、毛利氏が防長にうつったあと、広島へあらたに封ぜられた福島正則に収税の差引勘定の赤字、つまり福島氏へ支払わねばならぬ部分を支払い得ないために質入れされたといわれ、島民は税を二重にとられ、九公一民におよんだという記録をのこしている。このため島民のいちじるしい逃散が見られたのだが、以来、貧窮に釘付けされてきたのである。そして本百姓の家すら四畳半二間、三畳二間という小さいものに規定された。

本百姓がこの程度の家に住むのだから、亡土《もうと》とよばれる小作百姓など吹けばとぶような家に住んでいるのは当然であり、それがしかも江戸中期から幕末までに三倍にもふえたのであるから、村の貧しさは底をついていたといっていい。

その貧しさを救うために百姓たちは出稼ぎに出た。島の東部のものは大工として多く出ていった。田舎わたらいの大工である。中部のものは木挽きになって伊予、土佐の山中に働きにいった。北海岸の久賀の百姓たちは各地の石垣を積んであるいた。また西部の人は三田尻あたりの塩浜の浜子に出かけていった。女は夏は岩国付近の棉畑の棉つみに、秋は秋仕《あきし》とか荒仕子《あらしこ》とかいって本土の水田の多い地方へ農作業の手伝いに出かけていった。大阪淀川の三〇石船の船引きに出ていった者も年々一〇〇人はいたであろう。

だから世間の噂はずいぶん早くつたわってきもし、また世間のできごとにふかい関心をもってはいたが、そうしたなかでアメリカ軍艦のうわさの与えた影響が一番大きかった。そしていつかは外国と戦争しなければならない、そのとき国をまもるのは自分たちだと思いこむようになっていった。農民にとって武家社会は、じつに久しいあいだの鬱屈した時勢であった。それがなんとなくくずれてきそうな気配がした。そしてその何ものかが待ちのぞまれたのである。

それが文久三年（一八六三）五月、毛利藩が下関で外艦砲撃をはじめて、農民には現実の問題となってきた。村々では農兵隊が組織された。そして男は剣道と槍術、女は長刀《なぎなた》の訓練、子どもたちは鼓手として太鼓打ちの練習がはじめられた。と同時に「いまに幕府が攻めてくる」という言葉が百姓たちの心をつよく刺戟するようになってきた。

百姓市五郎の家

市五郎もその一人であった。市五郎は弘化三年（一八四六）生まれであるから嘉永六年には数え年の八歳で、寺小屋へいっていた。勉強ぎらいで、寺へはいかないで山の中へいってはあそんでくることが多かった。しかしペルリの話や江戸の話には心をひかれたし、じぶんもいつかは広い世間を見てきたいと思うようになった。

家は百姓をしていた。祖父にあたる人のとき、村の古い百姓の家から分家した。祖父は長男であったが、このあたりでは長男が分家する風があって、村はずれに家をつくり、田畑をわけてもらって生涯百姓をして終った。子がなかったので、弟（本家）の長男を養子に迎えて後をつがせた。この人も生涯百姓で通した。その長男は早く大工の弟子にゆき、いずれ分家するはずであり、次男である市五郎も大工の弟子になることにし、三男があとをとって百姓する予定であったが、市五郎が弟子入りしてまもなく、師匠から金槌で頭をなぐられた。大工の弟子が師匠に金槌でなぐられることはめずらしくなかったが、市五郎はそれが身にこたえて、弟子をやめて一生百姓でとおす気で家へかえった。そこで親は三男を大工の弟子に出し、市五郎に家をつがせることにした。お人好しで気が弱くて、乱暴な真似の一つできない男はむしろ百姓がよかろうと、親もそれをみとめたのである。

一般には大工の家は土地こそあまり持ってはいないが、金銭収入はあり、土地を買おうと思えば買うこともでき、広い世間も見、また晩酌ものめ、年貢の心配もないので、分家して大工になる風習はさかんだった。だが大工仕事は村に働き口は少ないのだから、出稼ぎが絶対的な条件になってくる。そしてその方が働きはずっと楽であった。大工仕事は暗くてはできない。日が出て入るまでのあいだ働けばよいが、百姓の方は暗いうちから暗くなるまで働かねばならぬ。月夜には月夜百姓といって麦刈り、稲刈りもした。それでも貧乏したのである。

市五郎は大工の弟子をやめてもどってから百姓仕事にうちこんだ。親と気もよくあい、村の中でもいちばん円満な家であっただろう。しかしこの平和な家にただ一つの不満があった。それは市五郎がほれている米屋の娘かねと結婚できないことであった。

しのびよる不幸

長州征伐のあったのは慶応二年（一八六六）の夏で、二一歳になっていた市五郎は、人夫としてこの戦争に参加した。幕府の軍艦が海から海岸の家の砲撃をはじめると、村の人々はそれぞれ山間の耕地のほとりにたててある小屋へ難を避けた。市五郎の家も避難した。彼の家の小屋は谷のいちばん奥にあった。

家族の者が谷奥へ避難しているところへ、大工にいっていた市五郎の弟が伊予からもどってきた。ひどい下痢で仕事ができなくなったためであった。

せまい小屋の中での生活で、よその国からもってきた病気はまず父にうつった。また汚れたものを川で洗ったことから、川下の小屋にいる者たちに伝染した。そして多くの人がつぎつぎに死んだ。市五郎の家でも弟は元気になったが、父が犠牲になってしまった。それは家にとって大きな痛手であった。

秋風の吹く九月になって戦争も止み、市五郎が小屋へもどってみると、病上りの弟と母と二人の妹がしょんぼりとして父の葬式もすることができないでいた。そこで里の家へ引きあげてきて形ばかりの葬式をしたが、病気を村へ持ちこんだ責任者の家として、村人の眼は冷たく、村の中を顔をあげて歩くこともできなかった。

そのうえ弟が、病後の身体の弱りのために大工をやめるといい出した。するとわずかばかりの土地をまた二つにわけて分家させねばならぬ。このあたりでは、財産分けはほぼ二等分することになっていた。屋敷の東の空地へ小さい家をたててやり、財産も二つ分けにすると、とても自分の家の田地だけつくっていたのでは食ってはいけなくなる。しかし分家に財産分けは当然のこととされていた。精出して日雇稼ぎでもすればなんとかなるだろうと考えて、市五郎は弟に財産をわけ、隣村から嫁をとってやった。

するとそのころ、旅先で大工をしていた兄がもどってきて、自分にも分け前をよこせといいはじめた。兄は分家するとき幾分の分け前をもらったが、大工になったので少なかった。それをもう売ってしまっていた。弟に分けたうえにまた兄に新しく分けたのでは、生活をたてることはできなくなる。彼は兄になんといわれてもだまっていた。争わぬのがいちばんよいと思ったからである。すると兄は彼の畑へきて畑をおこしたり、麦をまいたりした。それでも彼はだまっていた。兄はなまけもので、はじめから本気に百姓する気はなかった。半年ほどいやがらせをしていたが、根気まけしてまた旅へ出ていった。しかし、そのあいだにつくった借銭は彼に支払わせるようにした。

　こうして市五郎は借銭を持つ身になった。それまで貧しくはあったが、借銭はなかった。いったん借銭ができると、大工でもしないかぎり、それを払うことはほとんど不可能に近かった。利子は月一といわれ、一月に一分、一年に一割二分であった。それを支払わねば元金にくりいれられて、元金がふえる。米麦をつくっても、売る分は何ほどもないから、金を得るためには日雇稼ぎをしなければならない。それには朝一番鶏がないてから自分の田畑へ出ていって一仕事してくる。夜があけるともどってきて、他家へ仕事にいく。仕事がすむともどってきて、また自分の家の田畑の仕事にいく。竹を束にした松明《たいまつ》をもやして、夜のふけるまで働いてもどってくる。一日を二日に使わねばならなかった。こうした生活は人をむっつりとした無口ものにさせる。朝から晩まではちまきをして仕事着に股引をはいていたので、人は「横輪（横はちまき）の市さァ」といった。

制度改革の苦しみ

大きな戦争がすんで「御一新」になり、いろいろと新しい制度がしかれた。いよいよ待望の時世にかわったわけであるが、しかしそれが思ったほど明るいものでないと島の人々は気づきはじめた。

とくに明治四年に藩札がなくなって太政官札にかわったとき、村には破産に瀕した家が少なくなかった。村からは土佐大工、土佐木挽きといって、土佐へ稼ぎにいっている者が多かったが、それらの人はたいてい藩札をもってかえってきていた。土佐札は正銀にかえて六分にしか通用しなかったが、そういう札をまた大事に押入れの長持の底にかくし持っている大工が少なくなかった。それが一夜のうちに無価値になってしまったのだ。大工の女房が片足に草履、片足に下駄をはき、一升徳利をさげて、

「どうしようかいの、どうしようかいの」

と泣きながら村中をあるきまわったという話がのこっている。亭主が何十年というほどかかってためた金がフイになったのである。これを機に、村や近隣では金になる仕事ががっくりと減った。

この生活苦のなかで市五郎は妻をめとった。相手はかねて相思のかねであった。結婚した翌年に長男の善十郎が生まれた。家族はふえてにぎやかになったが、暮らしは苦しくなるいっぽうであり、赤痢以来の借銭をまだ払いきっていなかった。そのうえ明治六年に地租改正があり、いままで物納だった税が金納になった。税を金で納めることは、日ごろ金をつかうことのない農村ではじつに大きい負担で、百姓一本で生きている家ではひとしおつらかった。明治一〇年ごろ、一日の労賃がこの地方ではわずか八銭にすぎなかった。一カ月中日雇稼ぎしても、二円四〇銭にしかならなかったのである。しかし大工ならば、その二倍以上の賃金がとれた。

村では百姓がばかくさいといって土地を捨てる者が多かった。兄弟が田んぼをゆずりあい、角

力をとって負けた方が田んぼをとることにしたという角力取田や、酒一升つけて引きとってもらうという樽田が続出するほど、離農があいついだ。このような状態が明治一七、八年までつづくのである。そのころ、いままで通用していた太政官札が日本銀行券にきりかえられ、それがまた末端の貨幣流通をはばみ、さまざまの迷惑を庶民にあたえた。

このような現象はほとんど全国的であったといっていい。おなじころの丹波山中の話であるが、税金が納められなくて郡役所から村々へ督促がきた。百姓たちはみんなでそれをことわりにいくことにしたが、羽織を着ていくと、「その羽織を売って税金をおさめよ」といわれるかも知れないとて、みな蓑笠をつけて出かけていった。郡役所へいってみると、同じような支度をした者が役所のまえに二〇〇人もあつまっていた。そこへ郡長が出てきて、

「税金をおさめない者は国賊であるぞ、どんなに無理算段をしても納めよ」

といって中へはいった。旧庄屋の分家は一銭五厘の税が納められなかった。家へかえる道々、何か金になるものはないかとあらゆるものを考えてみた。そしてやっと焼畑の中にある焼けのこりの木を思い出した。翌日焼畑へいってその一本一本を伐りたおして割って薪にし、二〇貫近い荷をつくった。そしてそれを三里ほどはなれた町へ売りにいった。すると二銭に売れた。村まで戻って本家（旧庄屋）のまえまでくると、門口で本家の主人が、

「おまえ今日薪を売りにいったというが、いくらに売れた」

ときく。「二銭だ」と答えると、「ちょうどよい、おまえとこの税金は一銭五厘だという。五厘あまるわけだな。わしのうちは五厘足らなくて困っていたところだ、貸してはくれまいか」といった。

本分家のことなので話はすぐついて、やっと滞納をまぬかれたが、村では二、三銭の税金が納められず、村の商人から高利の金を貸りて田畑をとられた者は少なくなかった。丹波の山中では一反の田が五〇銭から一円でいくらも買えたし、逆に酒をつけてやったものもあったという。

そうなるとみな働く意欲はなくなって、どこでもばくちが流行した。市五郎の村でもばくちはさかんであった。村にのこっている者で目さきのきく者はみなばくちをした。村で財産をつくった人のうち八割までは、ばくちで勝った者であった。ばくちにまけた者で首をくくった者もいた。

市五郎はばくちに手を出さなかった。市五郎のように酒ものまず、ばくちもしないというような百姓が一〇〇戸のうちに一〇戸もあっただろうか。それは本百姓的な農民の姿の名残りといってもよかった。金をとるには大工以外に仕事はなかったが、それも三〇をすぎては雇い手がない。「市さァのようなのがガシガシ貧乏というのだ」と村人は笑ったが、とにかく、はたらくよりほかにふえていく借銭をくいとめる方法はなかった。

火事と借銭

こうした窮乏のなかで、さらに大きな災難がふりかかってきた。ある東風のつよい日のことである。近所の子どもが納屋の入口で火あそびをしていた。風のあおりで納屋のなかの藁に火がついた。子どもの力ではそれを消しとめようもなかった。たちまち市五郎の家を焼き、さらに隣家二軒を焼いた。市五郎の家では家を焼いたばかりでなく、飼牛まで焼き殺してしまった。

家内の者の不始末で出した火事ではなかったが、火元となったために村中の家々へ裸足に縄帯姿でわびてまわらなければならなかった。そのうえ村の寄合いの席では、いつもだまって末座の方にいなければならなくなった。また村内の世話役のようなものになることもゆるされなくなった。家は親類や近所の者が材木など出してくれて、とにかく、まがりなりに住めるものをつくってくれたが、そのときできた借銭はもとの借銭に大きく輪をかけた。ことに牛のいないのが何としても大きな痛手であった。小学校へいっていた長男もやめさせてしまって家の手伝いをさせ、自分はまえにもまして日雇にでるようになった。

借銭を払うために小作もはじめた。一〇俵とれる田であったが、里田だというので年貢は六俵であった。それをよく稼いで一二俵とれるまでの田にした。山を伐って畑もひらいた。昼は他家に稼ぐので、夜の仕事であった。石の多い山をくずして、大きい石は石垣に用いて段畑にし、小石は篩《ふるい》でふるってとりのぞいた。松明《たいまつ》のあかりで作業したのである。そんなにしても借銭の利子を払うのがやっとのことで、借銭はなかなか減らなかった。

やっと長男の善十郎が一二、三歳になった。それを大工の弟子にして、すこしでも借銭をなしくずすようにしようと思ったが、長男は大工になることをこのまなかった。親の子どものころとちがって、学校へいくのが好きであったが、家がまずしいというのでわずか二年ほどゆかせてもらっただけでやめさせられた。泣いてないてわめきたってみたが、親はゆるしてくれなかった。そして朝暗いうちにおこされて田畑へつれていかれた。おきると、前夜ののこりの粥を一ぜんたべてすぐ出かけるのである。善十郎は百姓がいやで仕方がなかった。

何か別の仕事につきたいが、子どもの働き場は村のなかでは容易に見つからぬ。それが小さい魂をいためつけた。些細なことにもどなりたてるようなことが多かった。畑仕事をしていても、ぷいとやめてもどってくるようなことがたびたびであった。そこで親は商売人にしようと、塩屋の売り子にした。塩と煙草をあきない籠に入れて、天秤棒でになって売りあるくのである。子どもだからというので一日に三銭しかもらえない。それでは一日の食費にもならなかった。

そこで隣部落へ綿打ちをならいにいって、綿打ちをはじめた。実綿は伊予や広島の方から船に積んではこんでくる。それを綿くりにかけてまず実をとる。実をとったものを綿弓で打ってときほぐしていくのである。納屋の隅にすわって、一日中綿弓の絃を槌でうった。ビーンビーンというにぶい音をたてて。仕事はつらくて退屈であったが、上手に打てば一日一〇銭にはなった。

やっとよい仕事にありついたと思ったのも束の間であった。明治二〇年をすぎると、滔々《とうとう》として紡績糸が村へながれこんできはじめる。それは機械でつくられたもので糸の大きさもそろっており、そのうえ手紡ぎよりは値が安かった。綿打ちはたちまちだめになってしまった。それでは染物屋になってはとすすめる者があって、山口の染物屋へ奉公にいくことになった。

窮乏のはて

貧しかったのは市五郎の家だけではなかった。ことに明治一六、七年ごろの窮乏はどこでもはなはだしかった。凶作がともなって、百姓の家では食うものさえ足らなかった。盆正月に大工が旅からもどってきて、しかも、すこしもうけてきたという噂《うわさ》がたつと、村の貧しい者はどっとそこへ押しかけて借銭の申込みをする。それが一六、七年には、旅先から金を持ってもどるものもなかった。

そうしたなかでハワイ官約移民の募集があった。そこで人々はどっとハワイゆきを申し込んだのであった。島からの移民のなかで夫婦でいった者が、一年ほどたつと一三〇円送金してきたのがある。それは島人にとって、想像もつかないほどのもうけであった。噂は島中にひろがった。市五郎の家の借銭は二〇〇円足らずである。御一新のころには一両にも足らぬ借銭だったのが、二〇年のあいだにそんなにふえたのである。あたりまえなら、もう、とうのむかしに破産するか夜逃げするかであったが、市五郎がよく働き、借銭の利子だけはどうやらおさめるので、人もまだその家をつぶさないでいた。が、このままいけば、おそかれはやかれ家はつぶれてしまう。借銭に困った男が貸主を出刃庖丁でさしころしたという話を、旅さきからきいてかえった大工があった。伊予の奥の話であった。「伊予の奥はこのあたりよりもっとひどい。子どもをみな売っている」と大工たちははなしていた。そうしたなかで、ハワイ移民の金もうけの話はとりわけみなの心をそそった。

善十郎もその話をきいて、自分もハワイへいって三年ほど働いてきたいと思った。ところが年齢に制限があり、二五歳以上三〇歳以下のものであること、ただし壮健な者ならば四〇歳以下でもよいというのである。善十郎はまだ二〇歳にもなっていなかった。

善十郎は山口で働いていたが、弟子のあいだは金にならぬ。親は家で、百姓仕事に働きつかれて、ひどいリウマチになった。右脚の関節が大きくはれ上って、歩くこともすわることもむずかしい。しかし医者にかかることもできないので、仕事のひまなとき、干潮を見はからって浜をほってそこで火をもやし、砂のやけたところへぬれた藻葉をおき、その上にぼろ布をしいて痛むところを藻葉にあててあたためた。が、なかなか完全にはなおらなくて、びっこをすこしひくようになった。そのうえ百姓仕事はいっこうにはかどらぬ。そこで山口にいる息子をよびもどして家の手伝いをさせることにしたが、窮乏はほとんど一家離散の一歩手前まできていた。そして、このような窮迫は市五郎の家一軒だけではなかった。

悲しき立身出世

ちょうどそのころ、勉強をするために村を出ていった青年があった。その家は古いころには庄屋をしたこともあったが、幕末のころにはすっかりおちぶれており、青年の父は大工になって方方を稼ぎまわっていた。そして自作で生活できるほどの財産をもったので、百姓になっていた。その家はひどい倹約家で知られていた。毎朝天井のうつる粥をすすっているのを、村中知らぬものはなかった。天井のうつる粥というのは水ばかり多くて、ほんのちょっぴり米がはいっているにすぎない。そういう粥をすすり、甘藷のむしたのをたべて腹をふくらませた。それでも旦那の子だというので小学校へもやってもらった。四年生までは村にあったが、高等小学は四里あまりはなれた屋代というところにあった。彼はその四里の道、往復八里を四年間かよったのである。途中には六〇〇メートルの峠があり、空腹のためその峠の上で倒れていたこともあった。しかしそれでもがんばりとおした。そしてかえってくると、牛の草を刈りにいった。日曜祭日以外で、明るいうちに草を刈ったことはなかった。

小学校を卒業すると、村にあった漢学塾へかよった。親は小学校の教師にでもしようと思っていたが、彼はもっと勉強がしたかった。そのために金をためることを考え、夜なべに縄をなって売った。村から山をこえて一里あまり南に地家室《じかむろ》という港がある。そこへはたくさんの帆船が入港する。帆船には縄が入用であった。その縄をなっては一荷できると売りにゆき、売上げを貯えた。夜おそくまで縄ないをしていることを親が知って、油代がかさむといっておこると、こんどは納屋のすみで、しかも自分の買ってきた油で火をともして縄をなった。こうして一〇円をためた。その金を親に見せて、親の迷惑はかけぬからといって山口へ出ることのゆるしを乞うた。親もそうした子を見て、もはや村へ引きとめることはできないと考えてゆるした。彼は二日分のにぎり飯を持ち、腰には五足のわらじを吊り、ふろしき包みを持って山口へ出ていき、そこにある高等中学へはいった。

この事実は、貧しさからぬけ出る道として、金もうけのほかに学問で身をたてる道のあることを教えた。「いまに村に官員様ができる」と村人がはなしあっていると、大工の弟子にいっていた一人の若者が正月休みにもどってきて、自分の家の座敷いっぱいに赤い毛布をしいて、

「おれは官員様だ」

といって正月の礼にくる人たちをおどろかせた。そして「少し狂っているのではないか」と人々をうたがわせたのであるが、若者は正月をすぎると行方不明になってしまった。彼は朝鮮にわたって元山へいき、日清戦争のとき軍属として道案内などしていることを村の出征兵士が見つけるのだが、その後の行方を知る者はなかった。

敗残者の群れ

明治という時代は人々をこれまでの束縛からといて、志ある者をまがりなりにも思うままに行動させた半面、また敗残者をおびただしくつくりだした。したがって、とりのこされていくもの、どのようにあせってみても、世間なみについてゆくことのできないものたちの焦燥はいろいろの形であらわれてきた。気がちがったり、自殺したりする者が方々の村に多かった。

泥棒も大泥棒からコソ泥までいろいろいた。愛媛県大洲奥の池田亀五郎の噂は、島にまで伝わってきていた。亀五郎は癩を病んでおり、子どもの生きぎもをとってたべるとなおるというので、子どもをさらってゆき、人々を恐怖させたが、それが島へもやってくるという噂のあったときは、子を持つ親は維新の戦争のときよりもおそれをなしたのである。

そのほかに凶悪な泥棒も多かった。とくに愛媛県にはそうした泥棒が多くて、それが島へやってくるという噂がたつと島の人々はおののいた。愛媛ばかりでなく島にも凶悪な泥棒は少なくなかった。そのなかには半ば伝説化されている話もあったが、こうした話が民衆のあいだで喜ばれるほどお互いの生活はせっぱつまっていた。コソ泥にいたっては無数にいた。食いかねたものがわずかばかりのものをぬすむ風は、当然のことのようにさえなっていた。盗品を買いとる商人も村にはいた。もとよりそれは、買いとってもそれとわからぬ米麦のようなものが多く、それをまた買いにゆく貧しい者があった。値は普通よりは安く、またおおっぴらに売っているのではなかった。その店ではまた飴《あめ》も売っていた。自製したもので穴あきの一文銭をもっていっても売ってくれた。ある一人身《ひとりみ》の年老いた老婆は、毎日その飴を一文ずつ買いにいった。それがその老婆のたった一つの生きがいであった。そしてその飴を買いにこなくなったとき、三畳一間の小便くさい納屋で死んでいた。

村人で乞食になったものも少なくなかった。たいていはその家族の者がつぎつぎに死んでゆき、年老いて一人身になった者であった。そういう者がいつのまにか村から姿を消したときは、たいてい遍路として四国へわたっていた。老いさらばえた姿をいつまでも村人の目のまえにさらしていたくなかったのであろう。四国というところは、明治の終りごろまではそういう遍路や乞食にみちみちたところであった。

いっぽう、村へはよそからの乞食がきた。ぼろをまとってやせこけた年寄りも少なくなかったが、それにもまして多かったのは癩病患者であった。村の氏神の森の南側にあたたかな日だまりがあって、そこにはいつも四、五人のこうした乞食がおり、そこを非人場とよんでいたし、また海岸の洞窟にもそうした乞食が巣くっていて、一人が去ればまた一人がきてつきることがなかった。それらは日ごろは家々の前に立って物を乞うたが、寺の縁日や氏神の祭りのときなどは参道にずらりと土下座して物を乞うのが常であった。しかしそれらのものが、その死体を村人の目につく所にさらすことがほとんどなかったのは、村人もうわさしたように、最後は潮の流れの速い岬のようなところで身投げしたものであろうか。とにかく最後は自分で自分の身の処置をしていったようである。

肺病やみも当時の村では非人間的な扱いを受けた。村にこの病がはいったのは、いつのことかわからない。その病のはいった家は、多くは死にたえた。それは一つの血統のように思われ、その家との通婚をおそれたばかりでなく、村人もきらった。人々はそういう家のまえは顔をそむけてとおったほどである。

このようにして村から消えた家が市五郎の住む一〇〇戸ほどの在所で、明治のはじめからおわりまでの四五年間に二〇戸はあった。だれもそこまでは落ちたくないために、必死になって働いたのである。

神仏にすがる

敗残者は貧しい者からだけ生じるとはかぎらなかった。隣村に大庄屋をしていた旧家があった。その最後の庄屋は紀州からみかんの木を持ってきて植えたことで、いまも人々に記憶されている人である。先覚者として知られ、村民のためにつくした功績も大きかった。しかし家に不動産はあったが動産は少なかったことから、困った者に貸す金は少なかった。そのため、貧しい者や事業をしようとする者から、金の無心をたのまれると、自分が保証人になっては金のある者から借りてやった。ところがそれらの金を借りた方が返したものはほとんどなく、保証人が支払わねばならなくなり、そのためどんどん田畑山林を売り、たちまちのうちにその財産を失って、子の代になったときには、家屋敷のほか何ほどもなくなっていた。そしてやがてほろびていった。村の世話役をしていた家で破産したもののほとんどは、借銭の保証人になっていたもので、とくにその土地に古くから住みついていて、一般村民と盛衰をともにしてきたような旧家にそれが多く、全国的な現象だったのである。

そうした保障なき世界で、弱小零細な農民たちは何にたよればよかったであろうか。市五郎の村では氏神様にたよりかかっていったのである。朝早く、まだ夜のあけぬうちに、男も女もみんなお宮へまいった。とくに旅に子どもや夫を出している者は、その子の無事を祈り、また金のもうかるように祈るのである。信仰というよりは、達しがたい欲望や生きてゆくうえの不安をみずから慰めようとする手段といってよかった。みんな必死になって自分たちのしあわせを祈ったのである。

宗教の力によって救われようと努力する人もあった。明治二〇年代には早くもこの村へ天理教がつたわってきて、大阪の方へ出稼ぎしていた島の東部の者が入信した。市五郎の村にもその信者が一人できた。田畑一町歩ほどを持つ中農の、平和な家で、主人は人のよい明るい家であった。その家の表の間を教会にあてて、朝早くから拍子木をうち、太鼓をたたいてお祈りをはじめた。「あしきをはろうて助けたまえ……」。節をつけた声が朝のしじまをやぶって村中にひびいた。それにまずひかれたのは子どもたちで、夕方のつとめの太鼓が鳴りはじめると、その家の前へ群集って、信者の踊りを見、自分たちもまねた。そして村中が大きい関心を持つようになった。何か明るいよい宗教のように思えたが、信仰のために財産を投げ出すことにはみな疑問を持ったし、その百姓も他人に対する説得力は持っていなかった。結局信者もつかず、自分の家の財産もなくしてしまって、教会のかもいに縄をかけて首をつって死んだ。あとにのこったのは子どもたちの踊りだけで、

「屋敷を払うて田ァ売れ山売れ、借銭借りこめ首吊りたァまえ……」

とうたいながら、夕方がくるとみんなで踊っていた。

貧しくはあっても平和であった御一新以前がしだいに恋われるようになった。年とった村人たちは何かにつけて「むかしはよかった……」ともらした。

フィジー島へ渡る

そういう村へ、善十郎は帰ってきてはみたけれど何の希望ももてなかった。また広島の染物屋へ奉公に出た。しかしやはりおちつかなかった。若い身そらを何ほどの志もとげずに泡沫のようにおしながされつつ生きている自分があわれでいらだたしかった。

彼には兄弟分の男が一人いた。東隣りの村の男で原といった。その原が善十郎に、オーストラリアへゆかぬかと誘ってきたのである。

そのころハワイへの出稼ぎは、中国地方においてとくにいちじるしかった。周防大島へも明治二五年、吉佐移民会社がニューカレドニアへの移民募集にきた。きいたことのない地名だったし、ニッケル鉱山ではたらくというので、島民は二の足をふんでいたが、明治二七年に同じ移民会社がフィジー島の甘藷畑耕作の移民募集にきたときは、仕事が甘藷畑耕作ということ、雇傭条件がハワイとあまりかわらないものだったので応募する者が多かった。このとき、原も善十郎を誘ったのであった。

善十郎はフィジーへの出稼ぎを決心した。父親の市五郎や母かねは反対だったが、借銭をかえすあてのない現状では、いつ破産して一家が離散し、乞食生活におちこまなければならないかもわからなかったから、息子の言い分をきくことにした。さいわい二人の娘と末の息子もおいおい成長して、少しずつ仕事の役にたつようになっていたので、善十郎の出稼ぎをゆるしたのである。応募した者は三〇五人で、周防大島の者はそのうち五〇人あまりもいた。神戸で勢ぞろいして船に乗ったのは二七年四月だった。

聞くと見るとは大違いのひどい生活がそこには待ち受けていた。

善十郎たちがフィジー島へわたってまもなく、日本と清国が戦争をはじめたことをきいた。たいへんなことになったものだと思い、みんな心細い気持になった。あたりまえなら後続の移民が第二便、第三便とくるはずであったが、彼ら一回きりでポツンとあとがきれた。しかも労働監督のイギリス人たちは日本は負けるであろうと予測していた。それが日本人の気持をますます暗いものにした。

その年の九月ごろから、労働者のあいだで熱病がはやりはじめた。そしてつぎつぎに人の生命をうばっていった。そのうえ脚気になる者が多かった。食糧不足で、風土がまったく日本人にあわなかったからである。甘藷畑の中で人々がつぎつぎに倒れた。それを担架にのせて善十郎たちは医務室へ運んだ。のがれようのない暑い陽《ひ》が一日中頭の上で照っていて、病人を運んでいくと自分も倒れそうな錯覚をおこすのだった。そして一二月までのあいだに一〇〇人近いものが死んだ。善十郎もその友も、ひどい脚気になった。望郷の念ははげしく、帰国をのぞむ声はついに制止できないまでになり、イギリス船を回航してもらって、二八年二月には全員引きあげることになったのである。そのころしきりに、日本が清国に勝っている消息もこの島に伝わってきていた。

一行をのせた船は一路神戸に向った。船はたえずゆれ、船室はむれるように暑く暗い。こうしたなかで病む者のうめき声が、夜となく昼となくつづくのである。そのうめき声の止んだとき、たいていは死んでいた。原もまた、おふくろの名をよびながら死んでいった。いのちあるものは必死になって金比羅大権現の加護を祈った。記録によると、船中死んだ者は二五人、耕地で死んだ者八一人、神戸上陸後五人、計一一一人死んだことになっているが、善十郎の記憶では神戸へたどりついたものは一二五人であったという。あるいは善十郎の記憶ちがいかもわからぬ。

死んだ者の遺骸は全部海になげ入れた。するとどこからともなく鱶《ふか》のむれがあらわれて、これらを食いちらすのである。海はまさに修羅の場であった。こうしたいたましい情景の外側を船は三回まわって死者のための祈りをささげた。誰も涙も出なかった。日本が海の彼方に見えはじめたとき、みな甲板に上って万歳をさけんだ。そしてはじめて声をあげて泣いたのである。

養蚕の辛苦

さて郷里へかえった善十郎は、健康が回復すると、こんどは煉瓦工場へ働きに出た。それも長くはつづかなかったが、ただそのかえりの汽車のなかで洋服姿の紳士にあった。藤井庭太郎という県の養蚕の技師であった。善十郎は何となくその紳士に好意が持てて、身の上話をするとともに、出稼ぎなどにたよるのではなくて、まず自分の村をよくすることからかからねばならぬと思うが、どうにも方法がなくて依然として稼ぎに出ているとはなした。すると藤井は、養蚕をはじめてみてはとすすめて、三田尻に養蚕講習所があるから、そこで三カ月ほど学べば正しい技術を身につけることができると教えてくれた。

それまで村にほんの少しずつ蚕を飼っているものはあった。それを産業としてもりたてようとするのである。彼はそれに何となく希望をもった。しかしそれには、まず結婚して身をかためねばならない。彼は日ごろからひそかに思いをよせていた隣家の娘を、強引に妻にしてしまった。

善十郎が妻を迎えると、父の市五郎はすぐあとをゆずって隠居した。まだ隠居するにはすこし早かったが、生きることにつかれはてており、一息入れたかったのである。善十郎が親からもらったものは、わずかばかりの田畑と家屋敷と借銭八〇〇円であった。八〇〇円の借銭は、その財産を売り払っても払えるものではなかった。市五郎の勤勉が、破産を一歩手まえで支えていたことになるのだが、破産しないためにかえって借銭の利子に追いまわされつつ、その生活が追いつめられていたのである。

米麦をつくって日雇稼ぎだけでは、もう破産以外にない。やはり思いきって養蚕にきりかえようと思って、善十郎は養蚕講習所へはいった。しかし養蚕には資本が必要であった。火事あとにたてた仮小屋の、雨の降る日は雨もりのある暗い家では蚕もかえない。まず蚕室をたて蚕具をそろえなければならない。桑園も必要である。しかしその資金を個人的に貸してくれる者はない。そこで頼母子《たのもし》をはじめて、それで家をたてかえ、山林を買い入れて桑園をひらくことにした。

善十郎は若い妻と二人で、桑畑の開墾に精魂をかたむけた。買い入れた山だけでは足らないので、村の共有山を借りて畑をひらいた。家からそこへいくには一時間近くもかかり、高い山の頂に近かった。二人には盆も正月もなかった。

努力のかいあって養蚕は成功しはじめた。まとまった金もはいってきた。借銭がすこしずつ減っていった。それを見て、村人のなかにも蚕を飼うものがふえてきた。善十郎は教師としてその指導にあたった。が、村人の場合は、それがすべて成功するとは限らなかった。まず蚕がよくできすぎると、桑が不足した。村人の桑をもとめて、岩国あたりまで出かけていくことはたびたびであった。ときには病蚕が出て全滅することもあった。そういうとき、村人がつきかけてきて善十郎を非難し、女たちは泣き叫んで責めた。善十郎はそれをどうすることもできなかった。やり場のない憤りと苦悩が妻をなぐりつけ、足蹴にかけさせた。妻はたえかねてたびたび家出した。しかしまた帰ってこなければならなかった。家には小さい子どもがいた。

保障なき明治

ある年のことだった。村中のほとんどの蚕がくさってしまった。どの家も悲嘆にくれた。善十郎は家々を見てまわっていたが、あまりのことに自分でも考える力を失ってしまって、雨の降るなかへふらっと迷い出た。履物もはかずに。道であった男がそのものすごい形相におどろいた。

声をかけようとしたが、声も出ないほどおどろいた。彼はそのまま雨の中をあるいていった。昼になり、夜がきてもかえってこなかった。妻は心配して、親類へいってそのことを告げた。きっと気が狂ったのだろうと思った。まえにもいっしょに仕事していたとき、妻をなぐりつけておいて、そのままどこかへいってしまったことがあった。山の中でうずくまっているのを探し出してきたのだが、そのころから、ときおり挙動のおかしいことがあった。こんどもやっぱりそうだろうということになって、村中総出で山の中をさがしあるくことになった。やっと山の岩の上に、雨にぬれつつポツネンと立っている彼を見つけたのは、夜があけてからである。連れてかえってなだめすかして寝させたが、彼はそれから昼夜をわかたず眠りつづけた。

蚕がいたんでも、それを補償してくれるものはなかった。そして一軒一軒が貧しさの中へ追いこめられていく。その精神的な責任が善十郎にきた。しかし責任を感じても、それで経済的にすくえるものではない。彼はとうとう養蚕技師をやめて、村では外から人をやとうことにした。その位置を去ると、彼は孤独になった。妻と二人だけであった。しかし、はじめてほっとすることができた。

市五郎は蚕のことには手を出さず、麦や芋をつくり、田の耕作を一人でひきうけていた。もう日雇稼ぎには出なかったが、一人で四反あまりの田地の世話をするのは骨が折れた。

田植えが終って草とりのはじまっているころであった。山田の上の崖に生えた木が茂りあって、田の陰になるので伐り払おうと思い、花崗岩の重なりあった上へのぼって、朝早くから作業していた。昼まえまで、茶ものまず、煙草もすわず働くとさすがにつかれた。崖を下りようとするとき葛のつるに足がかかって、高い岩の上からもんどりうって下の田へおちていった。田の水は煮えるようにあつかった。田の中へあおのけになっておちていた市五郎は、顔面にてりつける太陽の光に意識をとりもどした。からだじゅう傷だらけになっていたが、やっと田のあぜまではい出て人をよんだ。

生命に別条はなかったが、それから長いあいだ病院で暮らし、そのあとはもう、もとのように働けなくなった。善十郎たち若い二人は、それだけ余分にまた働かねばならなかった。

以上は曾祖父、祖父、父三代にわたる歴史であるが、名もなき農民たちにとってはまったくあえぎつづけだった明治が、そのあいだに大正にかわったのである。

父祖の教うるところ

父祖の教うるところ

一

かつて尋常六年の男生に、

「君たちはいかなる場合に父から、最もよく叱られるか」

という質問を、同じく女生に、

「お母さんに叱られると思って叱られなかった場合」

という質問を提出して筆答を求めたことがある。

質問提出者の意図したところは、父の叱責は制裁ではなくして指導であるから、その態度が児童の上にいかに具現するかを見たかったのである。また女児に対しての質問は、母の愛情がどういう性質のものであるかを知りたかったのである。

質問には答が予想せられる。その予想と児童からの答はほぼ一致していた。ただし、ここに得た回答は大阪郊外にありながら、不思議に工業化していない一農村のわずか三十余名の児童についてであるから、これをもって一般を推測することは難しい。したがって、これが立論にはなお多くの事例を要するわけであるが、ここではただ受けつぐことの一つとしてこれを基礎にいささか反省してみたい。

ところで児童の解答がいかなるものであったかというと、最も多く叱られる場合は仕事をしている時であった。いやいやにしているか、教えられた通りに行なわないかが叱られる動機である。つぎに兄弟喧嘩、つぎに成績が悪くて……ということになっている。成績が悪くて叱るという父は多少とも学問のある方であるから、あるいは都市においての知識階級間の児童叱責は学業に関するものが一番多いのではないかと考える。

もしまた多くの農村が、この一農村と同様の結果を得るものであるとすれば、私の推定は厳然たる事実となる。

つぎに女の子の答を見ると、叱られなかったのは、茶碗を洗っていて落して破った時というのが一番多かった。これによって女の子たちの生活が窺われ、また母の愛情はその過失をも許し、理知的にも完を得ているものであると思うた次第である。

ここに母親の方は少時おき、父親の叱責が子供の仕事振りに集中されているということは、深い意義のあることであると思う。ただし、これはあくまでも一二、三歳を中心にした父親の態度であることを頭から離してはならないのであるが……。

二

私がこうした質問をしてみようとした動機は、幼少のころ父から叱責せられた事柄を思い出してのことであった。

父が一番やかましく言ったのは、ショシャのよしあしであった。ショシャは所作と書かれる字から来たものであろう。姿勢とか、態度とか、ふりとかいうような意味に使われている。「ショシャの悪い仕事振りを見ると、胸糞《むなくそ》が悪くなる」などと村人もよく言っていた。町から来て村に落ち着いた人たちが百姓をして一番笑いものの種になるのは、袂付《たもとつき》の着物を着て、下駄を履いて、鍬を使う姿であった。そのショシャは見てはおれないのである。

私は撫肩《なでがた》で肥桶をかつぐのに、枌《おうご》（天びん棒）が肩からすべり落ちそうで、非常に身体をくねらせなければならなかった。そのために高等科を卒業するまで、父はほとんど肥をかつがせなかった。これは私の力なきためではなく、ショシャが悪くて父として見ておれなかったのである。こうして体格からくるものは別として、日常の仕事振りについて、父は実に口やかましかった。たとえば、鍬を使っている時、腰を曲げ過ぎるとか、鍬についた土を手でとっているとか（鍬の土は木の片か何かで落とすもので、手で落とすものではない）すると、父はどんな遠くから見ていても注意した。

夏になっての土用草を刈るのは、田や畑の畦のものならいいが、サンノ（共有山）のものは茅が主で、あの葉では実によく手をきった。恐るおそる手で握って刈っていると、父は必ず叱責した。「しっかりと固く握って刈れ」と。その言葉は実に無情にさえ思えたが、恐れてはかえって手をきることが多かったのである。こうして私は仕事の骨《こつ》を呑み込まされてきた。

仕事以外で父から叱られたことは少ない。小学校へ行って初めて第一学期の成績表をもらった時、読方が乙だったので、きっと叱られると思って恐るおそる帰ったのだが、何も言われなくてホッとした記憶がある。幼少の折はただよく叱る父とのみ思って成長したのであったが、物心がついて反省してみると、そこには実に父でなければ言っていただけない多くの尊いもののこもっているこことを発見したのである。そうしてそのほとんどが仕事に対する厳粛なる戒めであったことは、仕事じたいをいかに尊いものとしたかが窺えるのである。すなわち父にとって仕事は決して事務ではなく、生活を規定するものであったのである。そのためには仕事に対する厳粛なる態度が要求され、すなわちショシャの善悪《よしあし》が問題とされたのである。しかしてこのショシャを納得させるためには、先ず型を教え込むことが何よりも手近な方法であり、確実な教育法であった。叱責はこの精神と、この方法との上にあるもので、たんなる怒りや制裁的なるものでなく、聖なる観念の教育の一方法であったのである。かくて我々は一つ一つの事実を知識として学んだのではなく、一つ一つの事実を習得する態度を先ず作るような教育をせられたのである。

三

そこで私は教え子たちの仕事の仕振りを見ていて、そのあざやかなのに驚き、この記憶を子供たちに試してみ、予想した回答を求め得たのであった。一三のとき質問した子たちは今一五になってなお引き続いて担任している。農業の時間など、畑を耕させても草を刈らせても、実に上手である。そうして別に怠けようともせずやっている。否、仕事するじたいに楽しみを感じてやっている。その仕事の上達は、さらに型がよくなるというよりも、むしろ質においての進歩に見られ、たとえば、深耕するとか、種をまいてもムラがないというようなところにあらわれてくる。

しかし、これはたんに農業という技術の上の問題だけであろうか。決してそれのみに留っていない。受け持つ男子三三名のうち、父なき者三人、母なき者一人、父母なき者一人、父の病弱なる者一人おり、そういう家庭では、必然、この子供たちが一家の中心にならねばならぬが、彼らはよくその任務を果している。

父がその子のために遺した精神と方法とは、たとえ弱年といえどもその子供を路頭に迷わせるようなことはなかった。ある子供のごときは、父に死なれ、母また病弱で、祖母と叔父を頼りに、学校へ来るかたわら七百《ママ》余の田を耕作していたが六月以来叔父に寝つかれ、小さい弟と二人して、人手も借りず田の草を取り続けている。彼らは父なき感傷を洩らそうとさえしない、そうして雄雄しく生活の第一線に立っているのである。子供たちの言葉によると、田植えと刈入れに多少手を借りさえすれば、学校へ来つつ四反の田が耕されるという。

大阪平野の中にありつつ不思議に多くの旧弊を蔵して、四囲の村々に後れているこの村にも、その古風さの故にこんな美談がひそんでいるのである。

かくて方法さえ授ければ、子供たちにも相当なことはできるのである。私たち小学校に在りし頃、先生から今の子供はつまらぬ、何ひとつようせぬと、しばしば言われたものであった。そうして若くして逝った偉人や、偉人の少年時代を例にひいて、来世を慨かれたのであった。だがしかし今にして思えば、それは児童の責任であり、児童の力なきためであるとすべき筋合のものではないようである。むしろ罪は無能を説く方の側にあったのである。今の子供にもやればできる力は十分にあるのである。そうして人に頼らなくても一家を支える術も知っているのである。

祖先以来の意志はこんな方法で継承せられた。あまりにも型にはまった仕方だというようになって、明治以来急速に破棄せられてきたが、これこそ忘れ去り捨て去ってはならない方法の一つであった。そうして、その古い方法を再び教育の上に生かしてこられつつあるのが、芦田老師であると思う。無論、先生の方法は過去のものそのままではない。そこに絶対の尊さがある。今ここで先生の教式について私ごときが批評がましいことを申すべきではない。ただその根本的態度において、過去の父祖の教育が、食えざる人間を一人をも作らずというにあったに対し、先生が読めざる一人をも作らずと喝破せられた一事を挙ぐれば、他はいちいち説くまでもないと思う。

四

しかし父の教育は叱責が最初ではない。仕事じたいに興を持たせ、芦田先生のよく言われる気込を作ることが最初の問題であった。かつて世阿彌の『花伝書』を読んで、「年来稽古条々」の初に、

七　歳

此芸において大方七歳をもて初とす。この比の能のけいこ、かならずその者自然《じねん》としいだす事に得たる風体あるべし。舞はたらきの間、音曲、若《もしく》は怒れる事なんどにてもあれ、ふとしいださんかかりを、うちまかせて、心のままにせさすべし。さのみに、よきあしきとは教ふべからず。あまりにいたくいさむれば、わらんべは気をうしなひて、能ものぐさくなりたちぬれば、やがて能はとまる也。

とあり、次に十二、三よりの条の終に、

舞をも手をさだめて大事にして稽古すべし。

とあるを見て、教育者としての世阿彌に驚嘆したのであったが、よく考えてみれば、これは世阿彌独自の語ではなく、庶民一般の教育法であったのである。世の父親は理論的指導者を一人とし

て持った者はなかったが、ただ父子継承の間にこれを感得したのであった。

私が初めてオイコという負機を作ってもらって山へ行ったのが六歳の春であった。孫も今年は六つになったのだからと言って、大工であった外祖父が玩具のようなオイコを作って下さったのである。それにたった三本の、長さ一尺ばかりの割木をつけてもらって、負うて帰った嬉しさは今も忘れない。

こうして農夫としての教育がはじめられたのである。しかしこれは私一人の姿ではない。佐藤春夫氏の『熊野路』を読むと、
三輪崎の浜で子供が板片を堅魚程の大きさにしたものを釣竿の絲の端につけて稽古して居るのを見かけた事があるが、釣り上げると直ぐ左の脇に置いて抱へるのを面白いと思った。ただの遊戯ではなく将来の職業をしている真剣なものであつた。

という一段がある。あの海辺でも海へ出て行く修練はこういうところから出発したのである。

昭和八年の冬は雪が深くて、北陸線ではしばしば汽車の不通が報ぜられたが、南国に育った私は五寸以上の雪を見たことがないので、この折にと思って敦賀まで行ったことがある。あれから向うは汽車も不通であった。敦賀の町でも五寸は積っていただろう。元気な男たちは屋根の上の雪を落としていたが、子供たちは子供たちで、小さなコスキ（雪鋤）で道の雪除けをしていた。それが仕事の何ほどの足しにもなるのではないが、この町の子供たちはこうして除雪作業をならい覚えてゆくのであろう。嬉々として大人を真似ているのである。

柳田先生のお話では、飛騨山中で子供たちが小さなトビグチを持ち、小さな流れで、材木を流す遊びをしているのを見かけられたとのことであったが、私も大和の山中で、子供が小さな木馬《きんま》

に二、三本の小さな木をのせて曳いている遊びを見かけた。一〇歳ほどになるのが曳くと五、六歳の子供が二人で押す。家の前のだらだら坂を曳いて下り、また上る。見ていてまことにこのまＬい風景で、どちらを見ても木の生い茂る山中の、一〇戸ばかりのうっそりした村に、子供たちの遊びとしてはこういうもののほかないのであろうが、あざやかな身ぶり手つきで、大きいのが小さいのに教えている。見ていた私に気がつくと、三人が並んで礼をしたのもまた純朴さが思われた。こうしてこの子供たちは山仕事の術を覚えてゆくのであろう。

瀬戸内海の、岡山県に属する大飛島で、ある家を訪れると、納屋に小さな伝馬船があって、そのあまりに小さいのを不思議に思ったが、やはり、海に慣れさせる親心からであった。淡路福良の町の漁浦などではこうして海に慣れてくると、一二、三から親が連れて沖に出、大人としての仕事を覚えさせはじめるのである。まだ目に触れた資料はまことに少ないが、けだしこれは一般にも見かけられる風景であろうと思う。

親の職業を必然に子が継ぐものであってみれば、親は勢い真剣ならざるを得まい。同時に、またおのずからなる一般に通ずる教育の法則もそこに生まれてきたのである。こうして六、七歳からはじめられた物真似が、一〇歳を越ゆれば実地にも行なわれて、一人前にまで上達してゆき、年少にして孤児となるも路頭に迷う憂いをなからしめたのである。

五

人間一生の間における年齢による階級制はこれを調べてみると、きわめて興深いものがあるが、ことに年少時における階級を教育的に見る時、深い意義を感ずる。

平安朝時代の日記を見ると、人一人の成長にも多くの儀式があったことが窺われる。一七夜の名付け、二七夜の着初め、五十日、百日、宮参り、真菜始め、髪置、髪そぎ、袴着などと一〇歳になるまでに実に多くの儀式を通過したものである。この風は今も民間に多く残って、多少の差はありつつ、なお行なわれている。三十三日目の宮参り、初節句、百日目のモモカ、一年目の誕生祝い、三年目のヒモオトシ、五歳のオビトキ、七歳のナナツゴの祝いなどがそれで、名称には各地多少の差がある。これらの祝いの意義はもう大方忘れられようとしているが、いずれも親として子の幸福を祈る儀式であった。今でこそ賀の宴、めでたいとする儀式はごっちゃになって、ただわけもなく、めでたいめでたいと、酒を飲んでいるが、祝と賀にははっきりした区別があって「めでたくかしく」とことほぐのは、あくまで、未来の幸福を祈る心であった。そうしてその結果として得た幸福に対して、賀の式があり、人々はその喜びを頒《わか》ち合うたのである。年少における年齢式には予祝の心が強く、同時にこの儀式によってだんだん人として認められていったのである。

三十三日目の宮参り（土地によってこの日どりは違う）をもって氏子入りとする風が大阪近在には多いが、そのとき神社へ行って子供を泣かせる行事の多かった事実と、その伝承に照らしあわせてみると、実は新しく生まれた嬰児の存在を神にしらせるのが目的ではなかったかと思う。

初節句の行事を見ると、子のすこやかな成長を祈るのが目的で、女のひな祭りなどには明らかにそれが見られる。今は雛は祭りがすめばまた蔵《しま》われて、翌年を待つものとなり、いたずらに華美なものとなっているが、古くは子供の身につく悪運悪病をこの人形に背負わせて川へ流したものである。人形を作ってこれに種々の不幸を背負わせ、海の彼方、山のそともへ流す行事は今もなお多い。ひな祭りの場合には、これが流されずして、長く家に留るようになって、すっかり古い心が忘れられた。

満一年の誕生記念日を誕生と呼ぶのは、このとき初めて現世における生存権の認められるにあると思う。

三歳または五歳にして嬰児を脱し、七歳にして一族の者として認められるのである。三歳または五歳の祝いをすると、子供たちは遊び友達の仲間に入れてもらえることになる。鬼事などしても、アイコとかコマメとか言われて、鬼にもならず、一種の見習いとして参加し、先ず団体生活への訓練に入る。七歳の祝いが氏子入りの儀式であったことは各地の祝いを見ればうなずかれる。この年を中心にして子供が家業習得の教育をされはじめるのもまた、もっともなことである。さればこそ七歳の氏子入りをすましたものは死しても葬式が一人前にしてもらえ、また祖先ともなれたのであるが、七歳までに死したものは、ミズゴといってただ埋められるだけで、無縁法界として取り扱われるに過ぎなかった風が各地にある。

かの最も恐るべき悪習とされている堕胎とか嬰児殺しが、ひそかに農村に行なわれたゆえんも、生まれたばかりでは人とは認められなかったからで、この悪習を行なう方の側では、これを戻すとか返すとか言ったのは明かに古い観念を物語るもの、すなわち、子供に今一応過去の世界へ戻ってもらったのである。しかし人として認められ、家族として認められたからには個々の生命はすでに尊ばれ予祝されたのである。

かくて七歳となれば子供組に加入するのが普通で、いろいろの祭礼にも参加できるようになる。一〇歳の祝い、一三歳の十三詣りを経て一五歳で元服して一人前になるのであるが、以上述べ来ったように、この諸々の儀式をすることによって、新しい世界が開け、新しい教育がはじめられているのである。しかもこの年齢に特に儀式の行なわれるのは意味のあることで、小児科専門の医師の語るところによれば、罹病率が最も多く知能の上から見ても一区画をなすと言う。

しかしてこれは長き伝統と体験に待つ知識の集積で、最も自然なる自覚の姿であった。かくてこの年齢制が、その教育にも不知《しらず》不識《しらず》の間に考慮されて価値を高めたのであった。

されば過去における庶民の教育といえども、決して最も拙き方法に依っていたわけではなく、我々の省る多くはあったのである。

六

私の日頃尊敬しているある老金工家が、こういうことを話してくれたことがある。

「近ごろ何々会なるものが随分多いが、その会則に必ず除名の一項があり、除名処分を受ける条件の多くが不品行にある。しかし古い時代、破門と言われたものは、多くはその型を破った場合に行なわれたのである」と。また、

「この破門の風は今も茶道・歌道・(古風な)料理などの世界に残っているという。型とはすなわち仕方の問題で、物の順序である。これは最も尊ばるべきもので、これを無視しては仕事はできない、邪道であると考えたのである。いわば一種の信仰にまで高められた考え方で、型の変化は同時に信仰の変化であった。職人間には、こういう型の問題は早くこわれた。それは仕事自体が、生命にかかわるというほどでないことに大きな原因があると思う。だから土木業者のような生命に関する仕事には、やり方が未だ最も重要な問題とされ、すぐれた棟梁とは、そのやり方を

呑み込んで人夫を使う人だという事実、足場一つ作るにも非常に細かな注意と手続が要される。しかし今の人の気持は非常に変っている。金工にしてみても、よいものを作ればそれでよいという以外に何もない。仕事一つするにも暑ければ裸で、姿勢などはどうでもよい。見ている方がハラハラする。古風なる人たちは神棚に燈をあげ、威儀を正して仕事をした。できあがったものでなく仕事そのものを尊しとした」と。

これは前述した農民の生活存続の精神と何ら変ったところはない。こういう態度が物の進歩を阻害したと思う点も多い。古い型を破ろうとする絶えざる努力も見られ、そのために生涯を賭した人も多い。しかし、明治までは型を破るといえども、破ったのではなかった。過去の精神を深くきわめて、これを再生させたのである。

芭蕉の『三冊子《さんぞうし》』を読むと、

誠を勤るといふは、風雅に古人の心を探り、近くは師の心よく知べし。其心をしらざれば、たどるに誠の道なし（中略）

師のおもふ筋に我心を一つになさずして、私意に師の道をよろこびて、その門を行と心得がほにして私の道を行事あり、門人よく己を押直すべき所也

と言っている。これが俳諧革新に全生命をあげた芭蕉の言葉である。すなわち芭蕉は型にいて型を出たのである。

こういう気風は明治以来急激にこわれ、若く意志盛んなる人々の間には反逆という言葉が最も喜ばれた。一つには社会状勢がそうさせたのである。父の業を必ずしも子が継がなくなってみれば、そうしてまた、子女の教育を学校へ任してみれば、父親の子に教うべきことは何ほどもなく

なった。時勢を見、賢明である人ならば、むしろだまって何もかも学校に託し、自らは旧弊として口をつぐんだのである。多少の気概あるものはその子女を困らしめた場合が多かった。学校では古い方法はもはや少しも省られなくなった。我々はかくて今日までの日本の成長に最も驚嘆するのであるが、しかしよく考えてみると、これは型を破ったためのみの功績であろうか。否むしろ、逆に古風なる心の故と考えるのである。

明治初年に日本に来って東京大学の教授として動物学、人類学の先鞭をつけ、かつこの国を深く愛したモールス教授は、その滞在中、克明に日々の見聞を記録して残され、その多くのスケッチと共に、明治初年の日本を知る最もすぐれた資料であるが、その書、すなわち『日本その日その日』において、

私は外山と松村に向つて、何事にでも「何故、どうして」と聞く。そして時々驚くのは、彼等が多くの事柄に就て、無知なことである。この事は他の人々に就ても気がついた。彼等が質問のあるものに対して、吃驚した様な顔つきをすることにも、氣がついた。そして彼等は質問なり、その事がらなりが、如何にも面白いやうに微笑を浮べる。私はもう三週間以上も外山、松村両氏と親しくしてゐるが、彼等はいまだかつて、我々がどんな風にどんなことをやるかを、聞きもしなければ、彼等が興味を持つて居るにも係はらず、私の机の上の色々なものが何であるか聞きもしない。而も彼等は、何でもかでも見ようといふ、好奇心を持つてゐる。学生や学問のある階級の人々は、漢文なり現代文学なりは研究するが、ある都会の死亡率や、死亡の原因などを知る事に、興味も重大さも感じないのであらう。(上巻二五五頁)

〔平凡社、東洋文庫『日本その日その日』1、一八七頁〕

と言っておられる。この言葉はまことに興が深い。古い教育法で成長した人々には不躾なる質問、予備知識を持たざる質問は大なる非礼とされた。仕事なり学問なりの方法を教えられているのであるから、それによって自ら努めて悟るべきであるとされた。疑問を直ちに外へ出すことは戒められた。そのために外に向うべき眼は多く掩われるの弊はあった。したがって知識の広くされるような方法や機会は等閑にされた。これが旧弊というものの正体であるように思う。しかしその旧弊の故に、日本はかくまで進歩したのであろう。

　すなわち一度自らの非を悟る時、たんに知識だけでなく、外国から流れ込んでくる文化諸産業、あらゆる技術に対して、躊躇し、困惑する前に、日本人は自らのかつての仕事に対したと同じような態度と心で、純真に手を出し、これに従ったのである。

　あの父子相承の心と、方法とがなくして、どうして、数年数十年で西欧諸国の文化を我物とすることができようぞ。学校では新しい教育論や教授法が風靡しても、家庭ではなお古風な心と方法があった。そしてそれが新しい仕事や生活にも、場合によっては学校で習った知識以上に、役に立ったのである。

　長く文字を持たなかった明治までの一般庶民は、文字の持つ力を過信し、文字で書かれたものは、これを一も二もなく信じようとする心があって、「お前たちの持っているものが旧弊だ」と言われれば、それを捨てる勇気も持ったが、実は文字を解しないということが一概に非文明とは言えなかったのである。

　かくてある者は日本人の付和雷同性を説き、ある者は技術習得の優秀性を説くが、共に由来するところは過去の教育法にあって、もと一つの性質の両面であると思う。そうして今日のごとく隆盛をみるに至ったのであるが、ただその間に得た不幸も見逃し難い。すなわち仕事によって生活を規範するというような考えの喪失がそれで、仕事を生活の手段とし、事務と解するに至ったことは、人々をして純真なる情熱をもって、物に対する態度を失わしめようとする。

世にインテリとよばれる仲間は実にこのよき例である。危険思想とはむしろこういうものであろうと思う。その是正の必要は当然である。

孤となるも飢えしめずとした親心の集積がやがて新文化吸収の上にも役立って、世界列強の競争場裡に、後からひょっこり顔をあらわしたこの国を決して路頭に迷わしめはしなかった。父祖の叱責はどこまでも温いものであり、子らをして安からしめんとする声であったことは、今漸く私の頭にも解ってきた。

後記、垣内先生の指導過程の問題を拝読し、芦田先生の教式と教壇を拝読して、心をうたれることがきわめて大きかった。私は本誌『同志同行』読者のために幾分でも参考になろうかと思って、私をめぐる父祖の姿を告げてみた。そうしてこれはすべての方が父祖を持たれるが故に論旨の不徹底は補いつつ読んでいただけるかと思う。

父のことば

私の父はただの百姓であったが、私にとっては得難い師であった。父は私にいろいろのことを話してくれたが、そのことばの一つに「金はもうけることは容易だが、使うことがむずかしい」というのがあった。多くの人が無駄金を使っているというのである。

無駄金というのは贅沢するための金をいうのではない。それが他人にとっては迷惑になったり、不幸につながったりするような金のことである。あるいはまた、土産とか贈答品のようなものも必要ないという。心のこもったものならばよいが、そうではなくて、土産などというものは、たいてい旅先でありあわせのものを買ってくる。贈答品にしても、みな似たりよったりのものをやりとりする。もらった方が処分に困ることすらある。そういう儀礼的なものはやめて、これはもって行けば喜ぶだろうというもの、役にたつだろうというものを持ってゆき、持ってゆくもののないときは持ってゆかない。それが父の言い分であった。

同様にまた、いそがしく働いているときに栄養のあるものをたべる。たべながら談笑する時間の持てるようにする。遊ぶ日にはむしろ普通のものをたべておればよいといって、母にあまり御馳走を作らせなかった。

自分自身はいたってつつましい生活をしていたが、子供を勉強させ、その学費に苦労しているような人には実によく面倒を見た。とくに困っている親しい者に対しては、できる限りの協力をした。「出しおしみをしてはならぬ」というのが父の言い分であった。そして「金は貸してはいけぬ。仲たがいのもとになる。困っている友に対してならやることだ。やる金がなかったら、はっきりことわることだ」といった。

父からそういうことばをきいてもう五〇年をすぎているのであるが、父のことばは今も真理であると思っている。と同時に、年をとるほど金のつかい方のむずかしさを感ずる。

父はまた、「一日は二四時間、その二四時間はすべての人におなじように与えられている。その二四時間をどのように自分のものにしていくかで、その人の生涯はきまっていく」ともいった。

その通りだと思っている。父は父なりに忠実にその人生をあるいていった。そういうことからすると、私など、ずいぶん多くの無駄づかいをしながらやっとここまでやってきたという感じがふかい。

父の死

——昭和八年（一九三三）日記から——

七月三十一日

いよ〳〵帰郷の途につく。

四時自動車で下る。校長、馬瀬君と同行。和泉へ行き、それから松竹でキネマを見る。

面白からず。出て買物をすまし、

（略）

十時四十七分の汽車にのる。

姫路までこむ。

姫路で一輌つないだために空く。

八月一日

糸崎で途中下車。

（略）

さびしい糸崎の町をうろついて駅へかへる。

（略）
大畠へついたのは十一時。
家へかへったのは一時だった。
父は思ったより元気である。

八月二日
朝、田村で話し、午后、久賀へ出かける。
実地踏査（地質の）ためである。
夜、新宅勇氏の宿にとまる。

八月三日
久賀を出て、帯石へ上り、日前《ひくま》へおり、飛瀬島、我島を経て、下田《したた》に来り、
徒歩、地家室《じかむろ》に向ふ。時々雨あり。
沖家室に到り。更に油宇に向ふ。
波高し。
伊保田、田中屋にとまる。

八月四日
伊保田より雨降（雨振）に到り、そこより船にて土居へ。

それより山越に安下庄《あげのしょう》へ。安下庄より源明《げんめい》を越ゆ。
きりにぬれて山百合、ききゃう咲く。
午后八時、小松、日の丸旅館におちつく。
家より電話あり、父危篤なりと。
直ちに自動車にて、たつ。
牛丸木まで来て自動車を捨て、米安芳治、杉山友一君に伴はれかへる。
一族集る。
急性尿毒症なるべしと。

八月五日
血痰あり。
つかれたれば終日ねむる。
身体わたの如し。

八月六日　日曜
終日ねむる。
夕方、山田さんより手紙来る。
淋《ママ》しさに徹し、一人生きんと言ふ。
最もの事である。

結局、私は一個のセンチメンタリストであり、ロマンチストでしかあり得ない。
それを清算する所から、私の道はひらけて行く筈だ。
・父は次第に意識を恢復して来る。
・夜はよい月夜である。

八月七日
父やゝよし。
万葉集をよむ。
午后、大豆こぐ。

八月八日
湧いづる汗ふきながらなれぬ手に、大豆をこぐも父病む故に

父意識不明となる。

八月九日
父の衰へ目に見えて来る。
言葉をかけても返事がなくなった。

夕方、吐く。

八月十日

依然高熱を続け、意識全く不明となる。午后に到って、呼吸数（昼三十なりしが）三十六。

体温三十九度脈搏八十を数ふ。

夕方、又吐く。それより俄かに衰弱を加へ、
午后八時二十五分、遂に危篤に陥り、叔父〔外入の叔父・医者〕をよぶ。

十時来る。

呼吸数四十二、脈搏百三十六を数ふ。

痰を吐かず。

八月十一日

午前零時五十分、意を決して、父の寝顔を写生する。

右眼はやゝ開きたる様にも見える。

写生し終ってしばらく眠る。目ざむれば、呼吸の異常なるを聞く。臨終の近きなり。

起きて坐す。痰のどにかゝりて、頻りになれり。

呼吸するたびに頭うごく。この痰を去るを得ば直ちに健康を恢復せんものを、と思ふ事切なるも、
呼吸はいよ〳〵切迫す。

而して、遂に三時三十五分呼吸たゆ。

時に月中空にすみ、蛙遠田になく。み丶づくさへも森に、かなしむが如く啼きし。

座にあるもの外入叔父、母、姉、岡庄叔母、中本叔父夫婦、神戸叔父なり。

父がこの病にか丶ったのは一月の上旬であったと言ふ。

その原因は、去年、秋、夜曳に無理をしたのに初り《ママ》、
私が冬休みにかへってゐた時には、もう余程、身体に異常を覚えて居たのださうである。冬休み終って、大阪に出でんとする日、風寒く身にしむを覚えたのであったが、船が来ないため、生島で長く待たねばならなかった。

やさしく、健康なる父を見た、之が私の最後であった。

父は常に私の健康を気づかひ、父老いての一つの大きな心配は、私の事であった。

所がその二、三日後から、右胸乳下に痛みを覚え、父自身も身体のたゞならぬを知った。で、外入へ赴いて、叔父の診察を乞ふた所、肋膜だらうとの事であった。

老いて子を病ましめ、且又、己病まねばならなくなった父の淋しさを思ふ。

父は真直に帰り得ないで、西方《にしがた》の野原へ行って自分の病をうちあけたと言ふ。

家では母がいい顔をしなかった。病が病である。

それは父には、色々の他人との関係があって、病にか丶っても一々その始末をしなければならなかった。

無理に無理をして、ドット床についてからは、俄に咳を増し、喀痰の夥しいものを見た。さうして喀痰検査の結果、肋膜ではなく、肺壊疽である事が判った。

そのうち三月も終りになり、私は帰郷した。

全くやせ衰へて咳に苦しむ父を見た時、私は声をあげずには居られなかった。

併し父のすばらしい闘病精神はどこまでもこの病を征服せずにはおかない意気込であった。

だが、覚悟はして居たものと見えて、一日私を呼んで、金銭貸借の事を私に話した。長い間沈黙が続いて、西の障子に夕日が赤かった。言ふ父も、言はれる私も、言葉には出せないものがあった。

そのうち、私は何時までも家に居られないので、四月十七日、上阪したのである。父に行って来ますと言った時、父は「私の事を案じずに、身体を大事にせよ」と言った。

上阪した私は狂気したかの様に浮かれた。何故か知ら父をおいて来た自分が責められた。

そのうちに、父は次第にいいと姉から度々言って来る様になった。

私の心の中から居堪らない様な淋しさが少しづゝ減って行った。

事実、父はよくなりつゝあったのである。

姉は毎日、山越に学校へ通った。母は又、田畑の事を見ねばならぬので、家をあけることが多くなった。

父はたゞ一人さびしい家に寝つゞけたのである。

父には詩が判り、美が判った。さうした人だけに、一人居る淋しさも又しみぐ〵したものであったと思ふ。

山へ行く母をとめた事もいくたびかあったときく。

たえきれなくなった時、母をよばずには居られなかったのであらう。

でも父は見舞ふ人に「常一が精をおとすから、もう当分死ねない」と語りつゞけていたと言ふ。

七月に這入って、とみに快方に向かって居たのが、一夜寝冷えをした事から、身体が又急に弱って来た。

夏休みで私がかへった一日の午后も「寝冷えからこちら、どうも身体がシャンとせぬ」と言葉少く語られた。

私も案外元気な父を見て、多くも語らず、蚊帳を出たのである。

その翌日、久賀に講習があるので、行ってまいります、と言ふと、行って来いとのことであった。

夏休みになって交した言葉は、この数語に過ぎなかったのである。久賀からかへったらゆっくり話さうと思って居たのが、四日夜、小松の日の丸旅館にいると急に電話である。

心も身もいそぎかへって見れば、もうろう状態にある。意識不明な一日がすぎて、六日の朝あけだった。

父がものを言ったのである。常一だが判りますか、と言ったら「ハイ判ります」と、よそ行き言葉で言った。

それから六日の日には、うは言も言ったが、姉を見分け言葉も大分通じた。

私は幾度か話しかけたかったが、何か知らそれを恐れた。

七日は、平和にすぎたが、ごはんもたべ牛乳ものみ、一家やゝ愁眉をひらいたのであったが、八日、又意識不明になって来た。そして先づ両脚が硬直し、頸が硬直し、九日には右手がきかなくなった。九日夕方、夕飯をたべさせて居ると吐きをもよほした。十日は全く重篤状態で、私も外出をやめ、なるべく父のそばに居た。

でもまだ一縷の望みをかけてゐた。

が、夕方再び吐きを催し、小便の異常を見、身に不安を感じた。湯へ這入ってかへって見ると、呼吸が変である。

その時、八時二十五分だった。それから叔父をよびにやり、叔母の来訪を求めた。十時、叔父が来た時、もう手の下しやうはなくなってゐた。

痰を吐く力もなくなり、僅かに手を動かすのみである。

呼吸は次第にせはしくなる。私は意を決して父の顔を写生した。

父は長らく写真をとらなかった。

何時か一度、一家のものがとればいいと思いつゝその折がなかった。

成長した子が父をとりまいて、写真をとると言ふ事は一つの大きな幸福であるに違ひない。だがその十年間、遂に父はその折をもたなかった。

写生を終ったのが零時五十分である。

私は右胸がいたむのでしばらく休んだ。目がさめて見ると、父の呼吸が変である。のどは痰をかゝらせてガラ〳〵言はせてゐる。

頭をうごかしてゐる。「アーン〳〵」と言ふ様な、子供がなく時の様な声をたてゝゐる。それが次第にせはしくなって来る。

肩を動かし頭をうごかして呼吸をする。

もう観念する時が来た。「お父さん」と一声よんだが、そのまゝである。私はよびつゞけたかった。

だが遂によび得なかった。

口の中に痰が一杯たまってゐる。之を出しさへすれば、父は楽にならうものを、手の下しやうもなかった。

そのうちにあごが動き出した。時々大きな呼吸をする。さびしいうったえる様な声で呼吸をする。

ガクリ！　となったのは、三時三十五分だった。

「臨終です」と叔父が言った。私も母も身もよもあらず泣いた。かへらざる一瞬である。時のすぐると言ふ事を、この時ほど切実に感じた事はない。

もうよんでもかへらなかった。

父はおびたゞしく口から痰を吐いた。

悲しみを背負うて之から私は行かねばならないのである。

一切の思ひ出を焼き捨てるために、浜へ出た。

よい月夜である。みゝづくが啼き、遠田で蛙がないてゐた。

私は、海から誰かによびかけられる様で、家へかへった。

だが、ほのかなる光の海に、父の声がきこえて来る様である。

フト…父の寝息がきこえる。私はハッとした。

私の錯覚だった。今でも、父のあの寝息が耳にある。

永遠に消えないなつかしい思ひ出になるであらう。

夜がほのぼのとあけて来る。私は更に暁に泣いた。

八月十二日

葬儀の日である。
父なき後の親族の人々を思ふ。
本当に力になって呉れる人に誰が居る。
父ほど親身で、父ほど判った人が、もう外には居ない。
午后二時半、出棺。小雨が降ってゐた。
父の死にふさはしい雨である。

八月十三日

父の灰葬。
焼場へ、朝、父の骨を拾ひに行く。
父ははげしい労働に従った人だけに頑丈な身体をしてゐられた。
姉からたのまれた歯を拾ふ。
午后納骨。

八月十四日

忌明を行ふ。

八月十五日
神戸の叔父かへる。
気がぬけた様なさびしさである。
終日ねころんでボンヤリしてゐる。

八月十六日
親類へ礼にまはる。
いよ〳〵一人だちしなければならない。
他人の冷たさをしみ〴〵思ふ。
結局、父以外に本当に私を庇護して下さるものはない。

八月十七日
朝雨ふる。
雨あがって、おばあさんを外入へつれて行く。
午后二時半まで居てかへる。
夕方、神宮寺へまいる。
白井叔父、門司へかへる。

八月十八日

朝、悔状の礼状を書く。

午後、田村でしゃべる。

私は父のよき子としてたちあがらねばならない。

(略)

八月十九日

(略)

母は山へ行き、姉は地家室へ行く。私は家で留守居。折口博士の『奈良時代文学概説』『左千夫歌集』『宗教及信仰の起原』『国民的創作の時代』をよむ。

夜田村の座談会へ行って見る。

(略)

八月二十日

(略)

朝、外入へおばあさんを迎に行く。

午后、眷竜寺の修養会へ行って見る。

杉山君を会長にし、会員が五十人も居ると言ふが、今日は三十人ほどの出席だった。而も女が主で二十七、八人は居たらう。

寺の掃除をして、夕食をたべ、懇親会の後、和尚さんの話を聞いて別れたのである。いい事だと思う。

八月二十一日

我去りなば秋づく家に母ひとりいきのひそけく生きつぎゆかむ
居らむさびしさ

終日読書す。
『二宮翁夜話』読了。

八月二十二日

『フィリップ短篇集』マリドナディユ、ビュビュ・ド・モンパルナス　読了。
フィリップの芸術的香気を思ふ。

八月二十三日

文芸春秋、改造八月号、ひろひよみする。
朝、大浜壽夫ならひに来る。
夕方、神宮寺ではなす。
夜、泉加壽子へ書く。
藤原忠夫より月給送り来る。

秋虫しきりになく。

日のすぎぬ
心さへうつろになりて居たりけり　なべてかなしき事の多きに

八月二十四日

午前、寺へまいる。
父の二七日である。
寺でしばらくあそんで、宏俊君と、外入へ行く。
月給五八円五十銭を局で受取り、叔父の家へ百円払ふ。
昼食をよばれ歩いてかへる。
午后、ねて暮す。
暑き一日なりき。

八月二十五日

朝、『織工』（ハウプトマン）を読む。
大浜壽夫、勉強に来る。理科を教ふ。
明王院より来信。家を出て呉れとなり。
かねて覚悟して居た所である。
寺の人々の気持もよく判る。

早晩出ねばならぬとは思ってゐた。

すでに、再三さうした口ぶりをきいた。

親切にされる以上にそれは不快であった。

私の落ちつかない気持はそのために更に倍加してゐた。偽れる愛の世界は、結局、破綻があるのみ。さうして、それがどれほどさびしい事であるか。

北池田の一年半も思えば痛苦多きものであった。人一人住むにさへ世は狭い。

戦はねばならぬ。自らの世界をひらくために。

又学校の小使室へ引きこもらふ。

四五年は落ちついてゐやうと思って居た学校だったが、思いきって出るべきであらう。

かうした気持は四、五月の頃にも動いた。

あんたんたるものが常に周囲にある。

さうして暁は未だ遠い。道ははるかである。


午后『日の出前』を読む。

八月二十六日
朝、久賀へ行く。
郡史講習会に出席す。
午后御薗生氏と話し、上田屋に十時まで居る。

船本校長宅にとまる。

八月二十七日
講習第二日。
木村君と話す。
夕方家へかへる。

八月二十八日
朝、壽夫君来る。

八月二十九日
『郷土研究』への方言原稿を書く。

八月三十日
午后五時半の発動にてたつ。

八月三十一日
神戸へおりる。叔父の家へよる。
大阪へかへって、和泉へ行く。

サマラングを松竹座に見る。

夜、池田へかへる。引きつゞき寺に居ることにする。

付　祖母の死と葬儀の次第

昭和十一年八月十四日午后一時五十分、干潮時であった。

三月頃より風邪あり、治って四月末山口の招魂祭に行き中風再発。やゝよくなって帰郷。

漸次快方に向ひつゝありしが嘔吐やまず、遂に八月十一日午后一時中風再発せるものの如く人事不詳におちいる。

時に家に母と姉あり。

医師を迎へて診察を請ひ、直ちに叔父二人、及我に通知す。

我この日明王院に行かむとて支度してありしに、直ちに帰郷することとし、六時四十七分の汽車にのる。

大畠につきたるは朝三時四十九分なり。

駅にありて諸方へ手紙を書く。

而して六時二十分の船にのる。仁助叔父あり。

帰るまでを語る。下田に田村豊吉君出迎へたり。

家にかへりて祖母を見る。全く昏睡状態なり。

十三日昼、横須賀の叔母一行かへる。雨となる。

夕方東京より人々かへる。

祖母の言葉なりとて、夜、宮本より升田へかへる。

戸板にのせたり。

時々大きく息をせることあるのみなり。

微動だもせず。たゞ午后三回ほど目をひらきたり。

十四日朝にいたりて右足に赤斑点生ず。

体温四十度三分なり。

熱下らず、而も、漸次、足冷え初めたり。

それより脈ようやくおとろふ。

正午に至りて四肢全く冷ゆ。

下あごにて息をするようになりたれば、直ちに親戚にしらせたり。

之は祖母の甥、或は姪にあたる者のみなり。皆来る。

午后一時五十分逝く。

直ちに、米安、山本、中原の三氏に葬儀の一切をたくす。

いづれも祖母の兄弟の家なり。

山本は祖母の出でたる家にて委員長格なり。

祖母逝くや、近所の大工三人あつまり、山本忠吉、宮本国四郎、すぐ棺をつくりにかゝる。

棺は四角にして多くは杉材を用ふ。

先づ着てゐる着物をぬがせ、合掌せしめて、ひざを折り、髪をゆひ、右を下にして北枕とし、まくらもとに机をおき、線香たてにセンコー一本をたてたり。

夏なれば着物一枚を下にかけ、その上にすそを上にして紋付をかけたり。

顔は白木綿におほひたり。

親戚の女ども、かはらけに飯を山もりにし、米の粉をひきてだんごをつくり、之をまくらもとのつくへにかはらけに入れておく。

ローソクたてにローソクをたて、又、かはらけにトーシミにて火をともしたり。

まくらもとにはトギとて近親の者居る。

又、四国をまはりたる納経帳、五重の紙など、みな机の上におく。之に善光寺にて求めたるゾーリ、じゅずを持たしむるなり。

一家のもの、くやみに応対す。

「ばーさんが　ないようになされまして　なんぼか　さびしいことでごいしゃう」

「ありがたう　ござります　生きている間は　色々御厄介になりましたが、とう〳〵ないようになりました」

といふ。

葬儀のせはをするものは、先づ、香典帳をつくり、又、買物帳をつくる。

買物帳をもちて、之に買ひたるものをつけてもらい、葬儀すみて仕払ふなり。

役目のものは、先づ野菜、米、みそ、しょーゆ、とーふなどの算段をなす。

やさいは近隣よりもって来るも、それのみにては足らず、今は伊予、安下庄などよりかふなり。

又膳のことなど、かること考へる。

膳は持っている家あるも、我々の家にはなし。

されればある家のものを借るなり。黒きぜんなり。

女は式に着る着物のさんだんをなす。

役目のものは、又、式の日をえらぶ。友引の日をきらふなり。今日友引なれば、あすはよし。

昔は、死人にネコを近づけることをきらへり。

メシのことをヒルマノメシという。

メシをたくあいだに、たましいは善光寺へまいてくるといふ。

ダン《ママ》コをミヤゲダンゴといふ。四つ入れたり。

一本センコ、一本ドーシミ
死人のキモノは、みんながあつまってぬい、糸にふしをつくらず、したからぬふてゆく。

ハサミをつかはず、又、サシをつかはず。

・ソーシキの時のザウリはまごがもつ。ツエといふ。棺をかつぐものも孫である。正式にかつぐものと、てすけと［手助人力］をおく。

・棺をつくってくれた人に、おみきをあげる。
トーフと酒をサイクバへもっていく。

・ミジマヒは大抵は夜する。
かんの中には茶、ヌカ、などをする。

・ソーシキのドーグは、てつだいのものがつくる。

ひるはニギリメシでのむ。
・ソーシキがすむと、おしょーさまとさがつて夕飯をたべる。
それをヒジといふ。
・ソーシキのあくる日が寺まいり。
コツをひろってコツをおさめる。
・ソーシキのあと、てらまいり。四十九日などは、式のあくる日にすます例多し。
之は人がみな仕事を持っているから、又、ものがくさりやすいから。
・ムスビをくばる例あり。てつだひに来た家へ。
しばらくやめておったのであるが、近頃、又、流行しはじめた。
・七日には、オカザリとて、モチをつく。くばるもちとアンナイといふもちとゴダンといふのとある。
之は仲々やっかいなものであるから、パンでくばっている。
中原の時は百八十戸分作った。
この家で百ケントー
・中ワンもカシである。
・ひるムスビをたべるとき、さかなをつくる。みしなか四しなである。
・キツボ、ナカワン、アブラゲ、皆、カシである。
かういふことはイタバがやる。
そのざいりょうは、こちらが出しておく。

いまのしきである。
はりもの方がなくなった。
レンゲやヤネなどをつくる。
之にもとーりょーがおる。
しかし、久賀でつくってもらふと十四、五円ケントーである。
花をそなへることがあるが、之はかりるのである。
久賀でかりる、一日五円位である。
・昔はゴダンをつくのに、アンヲタクとて、女は一晩中か丶ったものである（四十九日の）
・七日のしあげ
それから四十九日をした。しかし今七日のあいだにすましてしまふ。
・下田ではソーシキのあくる日にみなしまふ。
・ネコが死人をこえると人がはひはじめる。
その時ホーキをたてる。ねこにこえられぬために、かやをつっておく。
・ぶつだんは白いうちしき、花は松をたておく。

母の記

母の思い出

家がまずしくて、母は朝早くから夜暗くなるまで働かねばならなかった。何歳のときであったか、誰の背に負われていたのか、それはわからないが、母が恋しくて泣きにないて、見あげた空の松の上に月が光っていたのが、私が物心ついての最初の記憶であった。いそがしくしてはいたが、母は私を可愛がって下さった。だから母について田や畑へいくのが好きであった。

薪をとるため奥山へゆくときなど、母はよく唱歌をうたってくれた。母は小学校へゆかなかった。小学校へゆく年の頃は子守奉公にいっていた。子供の守りをしながら教室のガラス戸越しに字をおぼえ唱歌をおぼえたのであった。母に教えてもらった唱歌のうちのいくつかは、いまもおぼえている。その歌をうたうと、キラキラとまばゆいばかりに日の照る山道をのぼっていった日のことが絵のように思い出されてくる。母とあるく道はすべて美しかった。

あるとき母といっしょに山畑の桑を摘みにゆく途中、夕立にあった。大きな木が近くにいくらもあったが、大きい木には雷がよくおちるので、母は木の立っていない坂道の中ほどに、背負っていた大きな桑籠を横にしておき、上へ一メートル四方ほどの筵《むしろ》をかけ、その籠の中へはいって雨をさけた。足を折りまげて二人はいったが、母の足首は籠の外に出ていた。私は母に抱かれてジッとしていた。雷が真上のあたりで鳴っていた。しばらくすると雨は小降りになり、やがて西の空がはれてきた。籠の中から出てみると、あたりは生きかえったように青々とした色が冴えていた。母は私を見て「おそろしかったの」といった。そのときの母をほんとに美しいと思った。二人はそれから桑畑へいった。桑の葉がぬれているので摘むことができない。そこで枝をゆさぶって露をおとさねばならなかった。親子は桑畑の中を桑の露をおとしてあるいた。すると夕立にぬれるよりもひどくぬれたが、頭の上に青い空があるとたいして気にならなかった。露をはらってしばらく休んでいると桑の葉はかわいてきたので、母は桑を摘みはじめた。夕立をさけるためにかなりの時間がすぎている。家には腹のすいた蚕が待っているはずである。母は一心に桑の葉をとっていたが、やがて思い出したように唱歌をうたいはじめた。私も母の手伝いをした。それがどれほどのたしになったであろうか。夕方までには大きな籠が桑でいっぱいになった。母はその桑籠を背負った。荷が重いから帰りは歌をうたわなかった。私は後からいっしょうけんめいについてゆく。休み場のあるところで休んではゆく。私も早く大きくなって母を助けたいと思った。

不平も愚痴《ぐち》もほとんどいわぬ人であった。そして冬になると毎日のように機を織り、それで着物をぬうて着せて下さった。家の中から機を織るオサの音がきこえると、私は安心して外で仲間たちと遊んだ。

母の記

母　宮本まちは、明治一三年七月二三日、山口県大島郡西方村（現東和町）長崎、升田仁太郎長女として生まれました。仁太郎は大工をしていて、方々を渡りあるきましたが、家族の者は郷里にいました。しかし、その少女時代に一時山口へ家族が移り住んだことがあり、母はそこである士族の家に子守奉公をしたことがあり、そのときその家でしつけられたことが、それからさきの生活に大きい影響を与えたようで、身をつつしむことふかいものがありました。

明治三三年、二一歳の時、郷里の隣家の宮本善十郎のところにとつぎました。それが私の家ですが、当時、私の家は赤貧洗うがようなありさまでした。そういう家へとつがなくてもよかったのでしょうが、父が母を熱愛して、単身隣家へいって、どうしても嫁にくれといって強迫同様にして両親をときふせたということです。

そういう夫婦ならば、貧乏でもたいへん仲がよかっただろうと思われますが、事実はそうでなくて、父が短気で、よく母を叱り、時には暴力を用い、それを隣家できいていなければならなかったその両親もずいぶん心をいたましめたのでした。そしてそのため母はよく家出しましたが、親もとへかえればすぐつれにいくので、山口のかつて奉公していた先へいくこともたびたびだったようです。

といっても、父は母をただいじめていたのではなかったようで、結局は貧乏のなせるわざで、大きな借銭をどうしたらなくすることができるか、また農業経営の実績をどうしたらあげられるか、ということについて苦心していました。この父につきしたがって、母はほんとうに苦労をしました。子供心にも母の苦労が身にしみてわかりましたが、母はそれによくたえて働きました。

姉や私はこの母につれられて、小さい時から田畑の仕事や薪とりなどにいきました。そうした道々、母はよく唱歌をうたってくれました。山口で子守奉公していたころおぼえたものでした。母は、子供に対してはほんとうにやさしい心のゆきとどいた人であり、私たちの着物はすべて母の手織りであり、また手縫いでした。いそがしい中でほんとによく努めた人でした。

家では明治の終り頃から蚕をかい、それが大正の好景気を迎えて繭の値上がりから、収入もふえ、明治初年以来の借銭から足をぬくことができるようになり、やっと家計は安定してきました。すると父は、自分のなめた苦労を人にはなめさせたくないとて、貧しい者には金を貸し、また困った人の相談相手になったり、世話をしたり、家の仕事は母にまかせて、昼も夜も出あるくことが多く、家計が安定しても母のいそがしさはかわりませんでした。

それでも大正の終り頃から夫婦そろって旅行に出ることもあるようになり、父もずっと母にやさしく、このままいけばほんとにめぐまれた老年をすごすことができるだろうと思っていましたところを、私の長い病床生活の後、今度は父が病気になって六一歳でなくなりました。母はそのとき五四歳でしたが、それからの母は、もう一度はげしく働かねばなりませんでした。私は病後大阪の小学校につとめており、弟は遠くフィリッピンのダヴァオに働き、姉は郷里の近くの小学校につとめているというありさまで、母はひとり家をまもっていたわけです。母ひとりをおくことが気になるので、様子が知りたいと思っていましたら、母は自分の生活を私に知らせるために日記をかきはじめました。母は小学校へは行きませんでしたが、奉公にいっていたころ、小学校で、窓越しに先生の授業を見て、仮名だけはおぼえていたのでした。

この日記は終戦の年までつづきましたが、おしいことに、私は大阪で戦災にあって焼いてしまいました。戦後しばらくは電灯もろくにつかず、夜のあかしは肥松やろうそくによったことがあり、それでは夜日記をかくこともできず、それに六〇歳を半ばすぎてのことで目もうすくなり、中止してしまいましたが、日々の天気、農作業、交際など、要領よく書いたものでした。

母の生活は戦争がはげしくなるにつれて、きびしいものになりました。食うもののとぼしくなったところへ、私は長男の千晴を疎開させ、さらに妻の母や長女も疎開させました。それは母には大きな負担になったようです。さらに敗戦後は、私も家を焼かれたために、妻とともに家にかえって来ました。

その敗戦の年の一〇月に、ヤルート島の司令官をしていた母の弟が、戦争の責任を負うて現地で自決しました。そのため愛知県にいた家族の者も郷里へかえって来ました。母はこの家族の者のめんどうも見なければならなくなりました。つづいて私の弟の妻が急死したため、その子供二人も私の家に引きとらねばならなくなりました。弟も戦災で家を失っていたからです。

これら多くの傷つけるものをかかえて、その中心となって世話をしなければならないことは、老年の母にとってはこの上ない大きな負担であり苦労でありました。それをただみずからの健康にまかせて働きつづけて、みんなの支えになったのです。しかし、そうしたなかで弟の妻は病死しました。が、いくつかの身辺の不幸にも屈しないで、耐えてきて、すこしずつ明るい方向へ向かいはじめたのでした。まず、母の弟の遺族――甥や姪たちは、それぞれ学校を出て就職したり、あるいは上級学校へすすんで郷里からはなれてゆき、私の弟も新しい妻を迎えて、二人の子供をひきとっていきました。そうしたことから、母の生活がすこし安定してきはじめたのは昭和二七年ごろからでした。

母は信心深い人で、旅にいる子や孫、甥姪たちの写真をもってはお宮へまいって、その健康と幸福を祈っていました。それればかりでなく、昭和一八年ごろ、村の南の白木山に高射砲隊の陣地ができて、海軍の兵隊たちが駐屯し、その兵隊たちが休日にわれわれの家へ休息のためにやって来ると、母はその人びとをねんごろにもてなし、その人たちが戦地へ向かうと、いちいち写真をあずかってお宮へ持ってまいって武運長久をいのったり、また家では蔭膳をそなえていました。そして、戦後その人たちが無事かえって来たという通知のあるまで、それをつづけていました。幸いにして出征兵士のほとんどが無事にかえって来たのでした。

世の中もかなりおちついてきたので、私は時折、東京へ出ていっしょに住まないかと母の気をひいてみましたが、私の生活力の弱さも気になってか、出ようとはいいませんでした。いかなる苦難の日にも、故里の土だけはその生活を支え、力になってくれることを、母は体感で知っていました。そこでやむなく私は妻を郷里においたのでしたが、母は私に「死水はかアちゃんにとってもらう」といつもいっていました。妻と母は性格的にはかなりちがっていましたが、二人のあいだに争いはなく、また母が妻のかげ口をいったことを、ついにいちどもきかないですぎました。妻の苦労も多かったと思いますが、母にとっては、故里で多くの知己親戚とともに生きることが、何よりの喜びであったようです。

ただ、春になると、大阪の姉や弟の家へいって、しばらくのあいだ休息してくるのをたのしみにしていました。それも末の孫の光のことが気になりはじめると、矢もたてもたまらなくなって家へかえって来るのでした。私もまた、一家そろってあそびに出かける計画をたてて、時折、方々の社寺などへまいりましたが、五、六年まえ眼底出血があり、医師の診察をあおぐと高血圧だとのことで、それからは母も自重するようになり、またたえず医師にも診てもらうことにしました。

それでも働くことだけはやめませんでした。今年も弟が法事のためにかえって来るというので、「それについて大阪へいき、しばらく遊んできたい。孫の光もつれていくのだ」とたのしみにして、弟のかえるのをまっていました。そういうところへ三月一二日、私は東京から九州へいく途中に家へ寄ったのでした。その時、母はいたって元気でした。「二月初めに医師に診てもらったら血圧もひくい、心臓もよくなっている」といわれたとて、明るい顔をしていました。一三日、私は隣町へ講演に行き、一四日、ミカン倉庫をたてるというのでミカン畑へいきました。母も義母といっしょにいって手伝いをしました。私は夜、隣町の漁業組合で話をたのまれていたので、すこし早目にかえって出かけました。そして話をすまして家へかえったのは夜半でした。そのとき大きな鯛をもらいました。

一五日朝、妻はその鯛を刺身にしたり、吸物にしたりしましたが、私は朝から生臭いものはどうもすきでないのでたべませんでしたが、母はたいへんな喜びようで、たくさんたべ、私が九州へ行くためでかけるのを、家のまえまで見送ってくれました。それこそ明るい元気な顔でした。

私が出かけてから、母は鯛の半分を親戚へ持っていきました。そのかえりに親戚のおばアさんたちといっしょになりました。おばアさんたちはお宮へまいるのだとのことだったので、母もいっしょにまいりました。途中で妻にあいました。「水いらずでいいでしょう」と、妻に満足気にいいました。母はそれからお宮へまいって、おばアさんたちと長いあいだ世間話をしました。そして家へかえってみると弟からハガキが来ていました。いよいよ弟が迎えにかえってくれるわけです。しばらく家を留守にするとなると、その間、妻の負担が重くなります。それですこしでも仕事を片づけておかなくてはならぬと思ったのでしょう。義母と二人で昼食をすましてから、山の上にある小さい麦畑のなかをうちにいきました。

妻は用事があって昼は家にかえりませんでした。かえってみると二人の母はいません。しかし、朝「今日は山へいってはいけません」と母にいってあったので、山へいっているとは思いませんでした。

二人の母は田圃道を横切って、山道にかかるところの畑のあぜに腰をおろしてしばらく休みました。もう春草が青く茂りはじめており、南風がそよそよと吹いている昼さがりなのです。二人の心はその春の日のように明るかったようです。

それから丘の上の麦畑へいって二人は夕方近くまで麦のなかをうちました。そこは見はらしのよい丘です。すぐ西の下には西方という小さい部落の屋根がならび、その北にこんもりしたお宮の森があり、森の上には遠く嵩《だけ》という姿のよい山が見えます。森の北は海、その海にそうて長崎の部落が東西につらなり、森のはずれに私の家も見えます。南風の吹く海は青く、島がいくつもうかんでいて、その向こうには中国山地の山々が、うすく見えます。平和そのものの風景です。

その丘の畑のなかをすっかりうちおえて、母は義母に「やれやれ、やっとすみました。かえりましょうや」と言って一歩あぜの方へ出ようとしたとき、つまずいて、そこへたおれました。そして麦をつかんでもう一度たとうとしましたが、足が十分にのびません。

義母は「おかアさん、そこでしばらく休んでいなさい、誰かに来てもらいますから」といって山を里の方へ下っていきました。母も「そうしましょう」と手まくらで横になりました。まだ明るくあたたかい日がてっていました。

義母は丘を北へ下ったところにある親戚へいって母のことをつげました。そこで親戚の者が丘へかけつけましたが、母はからだの丈夫な人で、肉づきもよく、女が負うて下りられるようなものではなく、男の人たちに来てもらって、戸板にのせて山を下ることにしました。

夕方、妻が家へかえってみると、二人の母はいません。いつも夕はんの支度をしてくれているのです。妻はかまどの下に火をたきつけて夕はんの支度にかかっていると、親戚の子供が来て、「おばアちゃんが山で病気になって、いまつれてくるから、医者をよんで来ておいてくれ」といいました。妻はおどろいて、あわてて医者をよびにはしりました。

母が家へかえったときは、すっかり暮れて夕空に月が美しかったのです。居間にねかせますと、母は孫の光に「頭がいたいからさすってくれ」といいました。光は祖母のひたいをなぜていました。そこへ医師が来ました。そして脳溢血だと診断しました。その頃から昏睡状態におちいりました。妻は方々へ母のたおれたことを知らせました。

私は佐賀県西松浦郡西有田村の竜神というところの宿で、村の有志とおそくまで話して、その方々のかえったあと、電話で母の病気をしらされました。しかし一六日の予定は動かせないので、一六日の講演をすまし、午後五時すぎの有田発の急行でかえることにしました。そして一六日の夜は徳山でとまり、一七日朝、家へかえりました。姉や弟とも途中いっしょになり、かえってみると親戚の者が看病してくれておりました。様子をきいてみると、発病当時は軽度のものなので、もう一度恢復するだろうと思い、母がまえからかかっていた医師に来て診てもらうと、「今明日のうちだ」と申します。まったくおどろき、それから方々へまた知らせることになりました。東京の母の弟や、広島山中の妻の義姉もかけつけてくれましたが、母はついに意識を恢復することなく、三月一九日午前四時に最後の息をひきとりました。そして八三歳の苦難にみちた生涯をとじました。

外へ出てみると、隣の家の屋根の上の暁近い空に月がさえていました。

ふるさとに生き、喜びの声も、かなしみの涙もしみこませてきた土に、母はかえって行きました。苦しい生涯ではあったが、子供たちもそれぞれ一応生活は安定し、孫や甥姪もみんな前向きになって自分たちの目的に向かってあるいています。そして自分も力いっぱい働き、仕事の区切りをつけて、しかも念願であった息子の嫁に看病してもらって息をひきとったのです。

二〇日のお葬式の日は小雨がふっていましたが、村中の人が、おくってくれました。

もっともっと長生きしていただきたいと思いましたが、ふりかえってみれば、生涯を働きつづけて、苦をたいして苦にもせず、不平もいわず、人をうらまず、またうらまれることもなく、ひたすらに自らの持つ愛情を周囲の人びとにそそいで、世の中よかれとあるいてきた母の最期としてはふさわしいものであったかと思います。

以上、母の生涯のあらましをのべまして、皆様方の御懇情に対する御礼のしるしにいたします。

昭和三七年三月二七日

宮本常一　記

我が半生の記録

家の歴史

長崎氏

宮本家は浜村家の分れであり、浜村家は岡本家の分れである。岡本家はその先を長崎丹後守と言ったという。

長崎丹後守については、ほとんどこれという記録を認めないが、大内持世の時、長崎隼人佑が丹後守に任ぜられた文書が一つある。

長崎氏はもと藤原氏の出であって、元暦文治の交（一一八五年頃）、大江広元が周防国大島の島末庄に地頭職となるや、島末庄に総公文職として直接その政治にあたった藤判官親康の末裔である。親康の子孫代々長崎の地に在住したによって長崎氏を称したとある。

戦国末のころ、長崎和泉守元直なる者あり、毛利氏に仕えて水軍の総師たり、二〇〇〇石を領したというから、瀬戸内海海賊として戦国のころには相当重きをなしたのであろうが、『陰徳太平記』『後太平記』などの稗史《はいし》類にも見えないから、大した勢力のある海賊でなかったかとも思う。それが毛利氏水軍の総師たり得たゆえんは、文治のころ、毛利氏の祖大江広元に仕えた因縁からではないかと思っている。

　ただ島の古い家の一であったことは間違いない。

　ところが関ヶ原役において、毛利氏、防長二州削封にあうや、長崎氏は帰農のやむなきにいたり、元直は沖浦村戸田に隠居し寺をたて、そこにいた。この寺が源空寺である。しかして元直は寛永年間に歿している。

　岡本家がこの長崎氏から出たとは口碑によるのみで、記録がない。さらに面白いことは、この伝承を私に語ってくれたのは岡本家系統の人でない、山本虎之進氏の老母であったことだ。

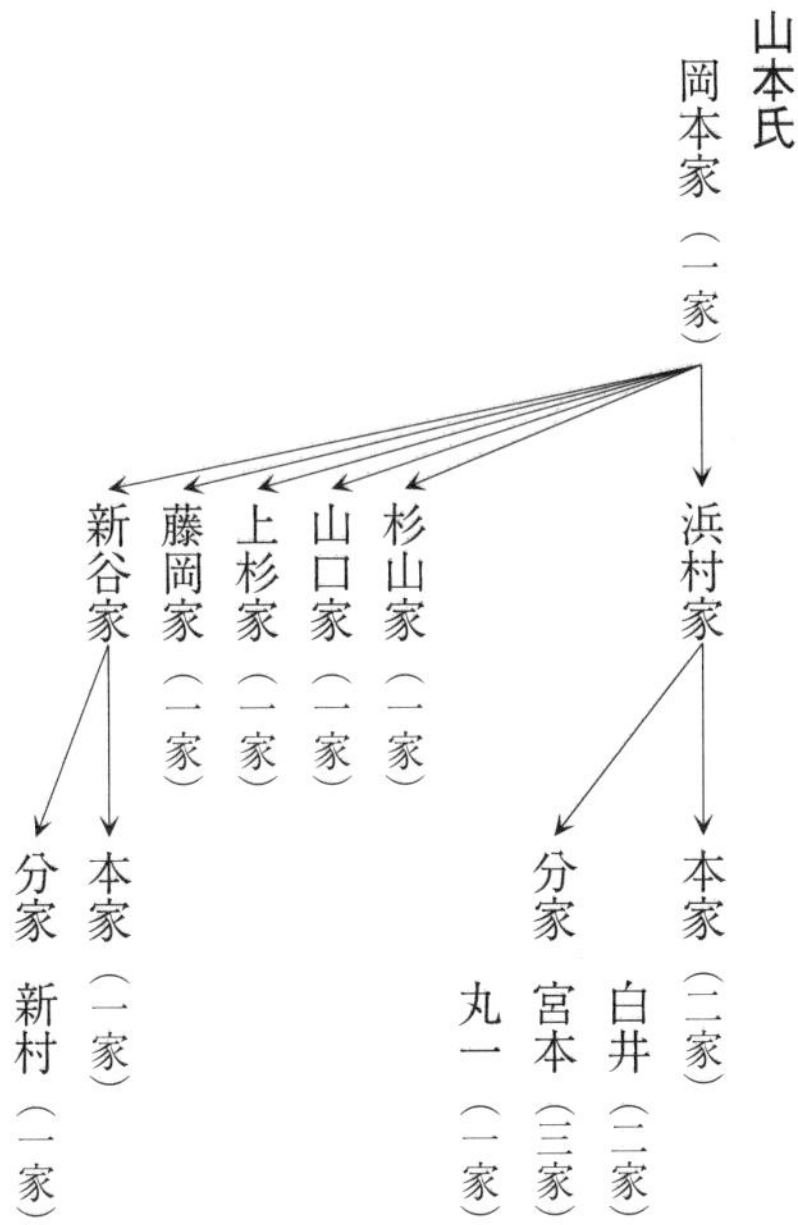

山本氏も村の旧家でありオオイエ《大家》と言われている。

岡本氏は、徳川中葉、一度養子がはいったそうであるが、その分家脈をたどると次のようになる。（前頁図）

現在判明のもの右一五家であるが、このほか、土佐、日向、豊後、三田尻、萩にも、それぞれ分かれていった家があり、同じ村内にも、西方に、船越に分家があるというから、少なくとも三〇家以上になっているであろう。

いずれにしても、中世海賊時代の血をうけてか、放浪性にとんでいることは事実である。

宮本家

次に宮本家について見る。

宮本家は前表のごとく浜村家から分かれる。

私の高祖父にあたる勘左衛門という人が、浜村家から分家したのが初であった。

勘左衛門は幼時痘瘡を病み、顔がきわめて醜く、生涯めとらなかったという。親を久六といい、久六は子の醜貌を気の毒に思って、長子に生まれたるその子を分家せしめ、生涯食えるだけの土地を与えて安楽におらしめたという。

勘左衛門は晩年ほとんど盲目に近く、自ら百姓をするということもなく、弟（浜村家をついでいる）の長子善兵衛をもらって嗣子とした。されば、正式にいえば宮本家が嫡系なのである。いま略系を示すと次のごとく（九四・九五頁）である。

宮本家略伝

(1)　勘左衛門は通称をカンザンといわれた。性飄逸にして歌をうたうことをこのみ、五月の田植えごろには家々の田の畔で、太鼓などたたいて囃したて、田植えをにぎやかにしたという。左衛門とか右衛門とかのつく名は非常にいいものだそうで、こういう名も、浜村家の長子であったためにつけられたという。しかし醜貌がたたって村の西の端高田《こーだ》浜に別家した。

(2)　善兵衛は稀にみる篤実の農夫で、よく働き、よく努めて、村でも評判の人であったというが、六〇の年だったかに赤痢にかかり歿した。

(3)　市五郎は善兵衛の次子であったが、長子富蔵が放蕩者であったために廃嫡され、代って後をとったのである。

この時まで、宮本家は相当の田地もあったが、富蔵によって多くを売り払われ極小農になってしまった。

善良なる祖父市五郎は、それでも怒ることなく、弟の乙五郎と協力して一家挽回につとめたが及ぶべくもなかった。

祖父は善良以外何ものでもない人で、ある時、畠で芋を掘っていると、反対の方の端へ富蔵が来て掘り出した。弟にいやがらせのためであったが、祖父はついに怒らず、兄は根負けしてかえって行った。

また祖父カンザンに似てうたうことがすきであり、生涯よき歌い手であった。

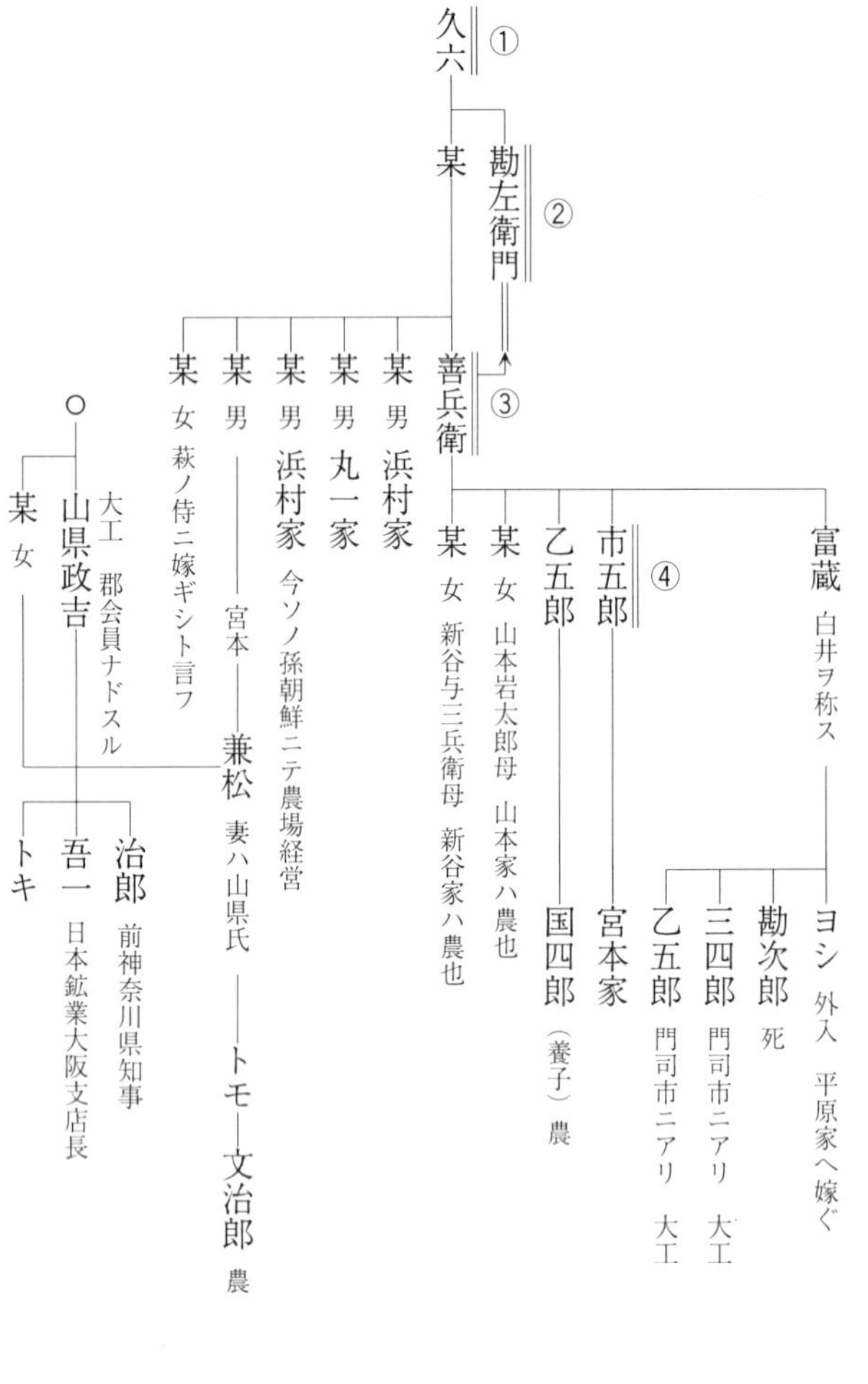

久六 ①
勘左衛門 ②
某
善兵衛 ③
某 男 浜村家
某 男 丸一家
某 男 浜村家 今ソノ孫朝鮮ニテ農場経営
某 男 宮本
某 女 萩ノ侍ニ嫁ギシト言フ
富蔵 白井ヲ称ス
市五郎 ④
乙五郎
某 女 山本岩太郎母 山本家ハ農也
某 女 新谷与三兵衛母 新谷家ハ農也
ヨシ 外入 平原家へ嫁ぐ
勘次郎 死
三四郎 門司市ニアリ 大工
乙五郎 門司市ニアリ 大工
宮本家
国四郎 （養子） 農
兼松 妻ハ山県氏
トモ
文治郎 農
○
山県政吉 大工 郡会員ナドスル
某 女
治郎 前神奈川県知事
吾一 日本鉱業大阪支店長
トキ

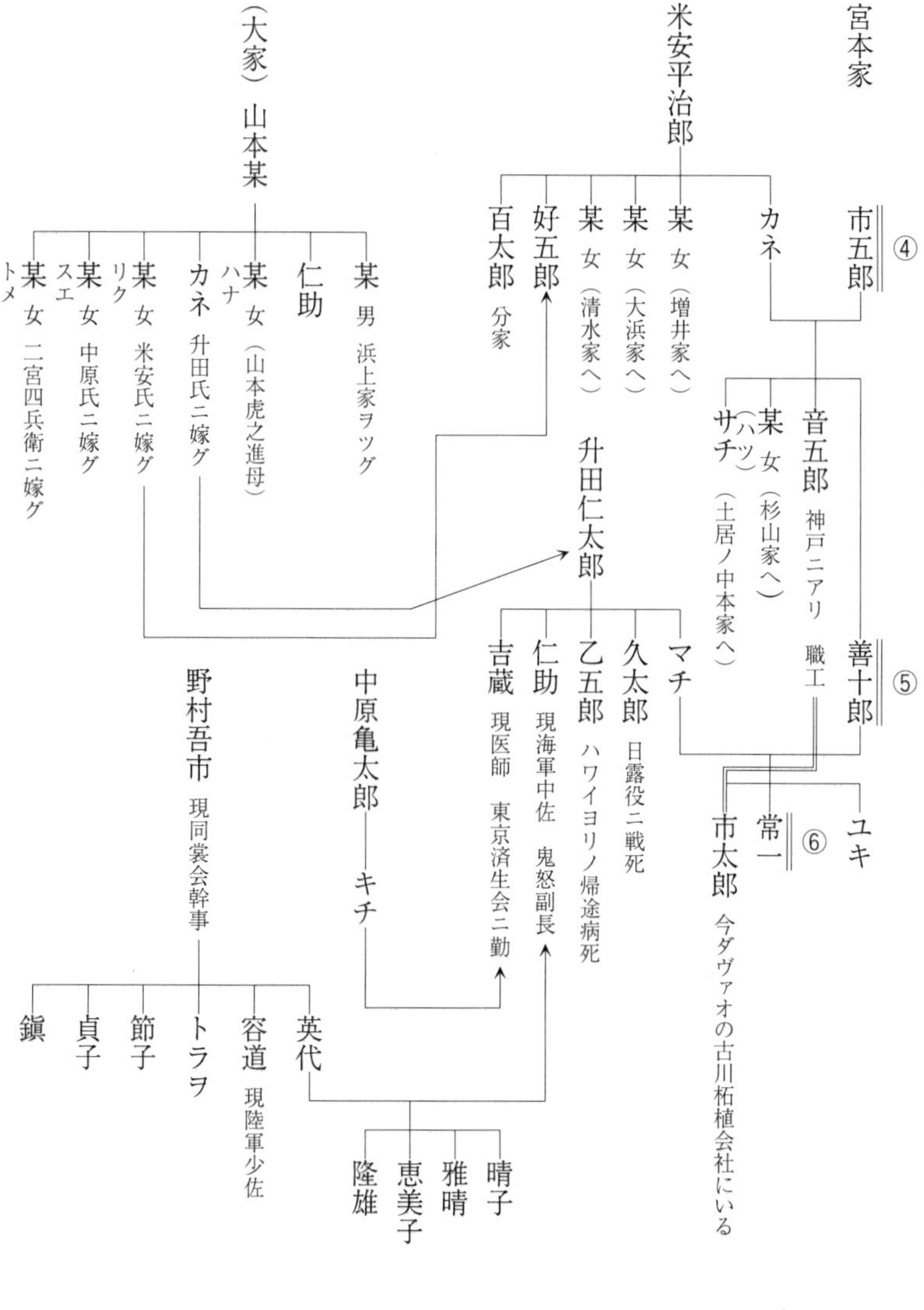

宮本家
米安平治郎
市五郎 ④
カネ
某 女（増井家へ）
某 女（大浜家へ）
某 女（清水家へ）
好五郎
百太郎 分家
音五郎 神戸ニアリ 職工
某 女（ハツ）（杉山家へ）
サチ（土居ノ中本家へ）
善十郎 ⑤
升田仁太郎
マチ
久太郎 日露役ニ戦死
乙五郎 ハワイヨリノ帰途病死
仁助 現海軍中佐 鬼怒副長
吉蔵 現医師 東京済生会ニ勤
ユキ
常一 ⑥
市太郎 今ダヴァオの古川柘植会社にいる
（大家） 山本某
某 男 浜上家ヲツグ
仁助
某 女（山本虎之進母） ハナ
カネ 升田氏ニ嫁グ
某 女 米安氏ニ嫁グ リク
某 女 中原氏ニ嫁グ スエ
某 女 二宮四兵衛ニ嫁グ トメ
中原亀太郎
キチ
野村吾市 現同窓会幹事
英代
容道 現陸軍少佐
トラヲ
節子
貞子
鎮
晴子
雅晴
恵美子
隆雄

若くして大工の弟子として萩に行ったことがあるとか聞いたが、よく生涯農夫として家にあった。大正一一年だったか、その子音五郎が大阪にいるため上阪したことがあったが、それが生涯のよき思い出となった。

私はこの祖父に愛せられ、また祖父に似ていると言われている。幼少の時より、父母に愛せられるというよりも、祖父に愛せられた。

祖父の肩を夜ごとたたくのが私の仕事で、その代として私は祖父から昔話や、うたをきいた。祖父はそういうものの宝庫であった。私をして民俗学徒たらしめた一大要因は実にここにあった。

(4) 善十郎　父善十郎は市五郎の長男である。

性きわめて厳格、かつ几帳面で、寸毫のごまかしをも許さないような人であった。

幼少の折、草履など汚れると、かならず洗って家の前の垣に乾したものであるという。幼くして俊敏、かつ学問を愛したが、家庭の都合上許されず、長ずるに及んで貧家の復興に全力をあげた。最初、紺屋たらんとして広島に赴いたが、祖父とあわず、やむなくかえって百姓となった。しかしそれでは借金を払い得る日来らず、再び出でて山口に行き、さらに去って吉敷なる煉瓦工場に働いた。この時は妹をつれて出かけたのであった。

しかし、かかる仕事の到底山積せる負債を弁済し得る見込なきを思い、決心して海外渡航を試みた。

時に明治二七年。

神戸より乗船して南洋フィジーに向った。

この移民は、日本移民史失敗の頁を綴るものであって、渡航二五〇名中、わずかに一年にして一〇〇余名の死亡を見た。

これ風土病たる脚気におそわれたるためで、ついに一同断念して、引き上ぐるの止むなきに到った。

父もまた病んだ。途中、大暴風雨にあい、病める多くが逝き、神戸についた時はわずかに一〇五名にすぎなかったという。船中、航海安全を祈って、金比羅様に跣足参りの願立てをしたが、神戸にかえるといずれもそうそうとして故郷を志し、瀕死の重病人にして金比羅に参ったのは父一人だったとか。父はあの長い石段をはい上がって参詣した由。このすごいまでの熱情が、よく父をして生あらしめたのである。

しかし、このこと以来、父は神仏を拝むことを止めた。

「せんない時の神だのみほど、わがままな考えはない」と言うのが、父の信条で、爾来「人事をつくして天命を待つ」をモットーとした。

その信条のあつさは何びとの追随をも許さず、ついに唯我独尊を捨てなかった。

故里にかえった父は、けっして島の外にすぐれたる生活が待っているものでないことを知って、島の内によき生活を見出すことに志し、高木好太郎と共同して蚕の研究に没頭した。

二人の性格はまことに相似たるものであったが、高木氏は村有数の富家、父はまた村で最下の生活者だった。

父は、蚕をかうには、よき家を造らねばならぬと考え、借金に借金をかさね、頼母子《たのもし》をはじめて、新しい家を建てた。

そうして土地を買うて開墾し、桑を植えた。当時の労苦は、到底涙なしには書けないものであった。

父の働きは少なくも他人の三倍した。早くいえば、背水の陣だったのである。母はこの父のもとに酷使された。貧しくはあったが、よき家に生まれた母は、この当時の労苦に堪えられぬほどのものをかんじた。

一方、村への蚕の普及に全力をそそいだ父は、幾度か、病蚕を出して失敗する人々からの呪詛の声をきいた。

時にまた蚕がよくできすぎると、桑が足らなくなり、桑のことに奔走して、自らの畑の桑を他人に譲ることもしばしばであったが、これらは感謝せられるどころか、かえって怨嗟されることが多かった。そのことのために、後には、蚕の状態がややよいと見るや、直ちに岩国に赴き、桑の買いしめをして、これにそなえるというような方法をとった。

また、できた繭《まゆ》を売ることも一つの苦労で、よき価に売るためには商人と仲よくしなければならなかった。父はこれに対して、誠心誠意こそ真の道であると考え、商人のためにあらゆる世話をなし、しかもその報酬を受けるということがなかった。

島の唯一の製糸工場を持っていた神崎浅之助氏のごときは、このために父を絶対信頼し、父のためにはいかなる言をもきいた。その他の繭商人といえども、父に対して偽り、陥れる者は一人もなかった。そうして繭は常に高値に買うてくれた。

かつてはいろいろの奸手段を用いて暴利をむさぼった商人は、このことによってついに姿を消した。しかも、父はけっして商人の手先になったのではなく、商人は常に父を畏敬しており、片倉製糸の仲買人のごときは、その世話方万端を父に委託しようとさえしたが、給料をもらうことになると思うままに仕事ができないからといって、これを謝絶した。

かくて常に村人の最もよき味方であった。しかし、ついに父は村人と手をわかたねばならなくなった。

稚蚕はこれを共同飼育所においてかい、養蚕教師をまねいて、指導してもらっていたが、一年、高木氏と父とが教師代用をしたことがある。ところが二人とも多忙で、到底十分なことができず、翌年また教師をまねいた。しかもその年は運悪く病蚕続出のために、村は大損害をこうむった。その非難の声は果然養蚕教師に向けられ、ために教師は狂ってしまった。

そうしてその自責のために、晩夏、教師は自らの生命をたったのである。この教師に対して満腔の同情と庇護とをあたえたのは父であった。父はこの教師のために、最後まで尽くした。その逝くや葬式にも参列したのであった。しかも村人にしてかくまでにしたのは、父のほか、宿の主人だった二宮氏のみであった。爾来、二宮氏は父を絶対信頼するに到った。

一方父は、この時の村人の仕草に対して憤り、ついに共同飼育所を脱退したのである。

それから数年の間の父は、実に順風に帆をあげたかの観があった。村人との交渉をたって一人になってみると、思うままに何ごともできた。しかして、繭のできはいつもよかった。

純日本蚕から交配種にかえたのも父だったが、そのできのすばらしさから、村人もまたこれに倣うた。しかしもうそれに対する責任は父になかったため、病蚕を出してももはや訴えてはこなかった。多くの借財はこの時すべて返済され、さらに相当の貯蓄もできた。村人の羨望は漸く一身にあつまった。

公には村人と手をきったが、その後、個々の村人のためにつくしたことは大きかった。桑を接ぐことが上手で、父の接いだ桑苗は村中に撒かれ、他地方からの移入をふせいだ。そのいちいちは全く無代同様に頒ったものであるから、高い苗を買うに比してははるかに利があった。また、繭を売るにもいちいち世話をしてやって、高価ならしめた。

父のこの義侠的態度は、さらにわずかの蓄財をさいて貧困なる村人救済にまで及んだ。父の力によってたちなおった家は少なくも数軒ある。村人に見はなされたる人々に対してのこの態度は、「井戸の中へ金を投げ込むようなものだ」と嘲笑の種になりはしたが感心するものは少なかった。しかし、父はそれでよかったのである。蚕がやや下り坂になるころから、父は、蜜柑の栽培に力を注いだ。これこそ次の新産業であると父は思ったのである。

父はその接木技術をここにも応用し、多くのからたちをつくってこれを台木とし、毎年数千本の接木をし、これを売りもし、また貧しいものには無代で頒ち、わざわざその畑へ植えてまでやった。

しかも父は蜜柑の全盛の日を見ずして逝ったのである。

父のたたえられていい功績はいくらもあった。村に県下一という繭市場のできたのも、実に父の力が裏に大きかった。

郡内養蚕の全盛期、一年総産額五〇万円を突破の当時、私の村が実にその中心で二〇万円を上げ得たのであるが、この盛況を見たのも、ひとえに父のかくれたる力だったのである。

村の制度などの上にも、父の及ぼした力は大きかった。繁雑な冠婚葬祭のことを簡単にし、しかもその範を示して実践したのは父であった。

また学問の必要を説き、学校などに寄付する例をひらいたのも父であった。今では学校への寄付も何でもないことになってきているが、実に、父がその最初の人であったのである。

その六一となるや、共有山に杉の植林を志し、雑草をわけて杉苗を植えかけたのが父の公生涯の最後の仕事で、半ばにして逝った。全山を杉で——というのが父の考えだった。だが一人の力は弱かった。何ほども植えられずしてしまったのである。しかしその心は残るであろう。

村へ蜜柑の出荷組合をつくったのも、父と山本伝十郎氏であった。最初の年の出荷には、父は何日も無償で働いた。村は再び父を必要とするに到っていたのである。


父は実に全身熱情のかたまりであった。そうしてその実行のためにはあらゆる犠牲を惜しまなかった。されば家庭において母は常に労苦を倍にしたのである。しかし、これは当然なる一つの結果であったかと思う。

公を外にして一個の父を見る時、父はまさに追随を許さざる篤農であった。

その熱心なる観察は農作物の上のみでなく、あらゆるものの上にわたった。些細な旅をしても、港から船に積み込まれるもの、また、おろすもの、汽車から積まれるもの、おろすもの、乗降客の様子など、細心の観察を怠らなかった。それによってその土地の状態を知ったのである。

大阪へはよく来たが、けっしてぼんやり街をあるくというようなことはなかった。一度あるいた街でも、久しく住んでいる私たちよりはるかによく知っていた。したがって大阪で電車の乗換えについぞ失敗したことがなかったという。全身これ目というのが父であった。

父はまた誰とでもよく話した。汽車の中などでは、常に、遠慮のない人であった。そうして夏の旅であれば梨、冬は蜜柑というように、自分の作った季節の果物を乗客に頒っては、話をなごやかなものにした。これは同乗の人の見ていてこのましい風景であったという。

しかも父は、けっして単なる田舎人でもなかった。昼食をとるというような時には、常に相当の所へ入って相当なものをたべた。握り飯を持って出ることは村人の常であったが、父は、そういうことのために、旅先で恥をかいてはならぬと言った。つまり、旅の恥はかき捨てにしてはいけないというのが父の考えで、実にキチンとしたものであった。

この態度は村人に対しても持っていた。だらしないことをすれば、誰彼なしに面罵するのが父で、とくに公徳を乱すような場合には、「村の賊」と言って詰《なじ》った。

されば父の前ではだれも醜態をつつしむというありさまであった。

しかし野暮ではなかった。

父は誰にも尊敬せられ、ことに婦女子の尊敬の的であった。

父はそういう人の一番いい味方であった。さればといって、けっして噂のたつようなことはなかった。

父の死をもっとも惜しんだのは、村の女たちだった。

鎌のとぎ方から草の刈り方、たねのまき方まで、通りがかりに教えてゆく父であってみれば、尊敬されていいわけでもあった。神仏に祈ることは少なかったが、鳥居の前はていねいに頭を下げて行く人であり、神主の家にも、寺にも、父がなくてはならぬ人であったのは面白いことであった。

寺では一家が旅するようなことが時々あったが、その留守番には父が出かけた。その父がしかも、朝夕、僧にかわって仏に礼拝していたという。寺の子たちは、父を親のように思っていた。

こういうよさは、村の何ぴとももっていなかったといっていい。

これは実に長い月日の労苦が、しかもその労苦によって、けがされなかったところからきた美しさだと思う。

したがって、どんなむずかしい縁談でも、父が出ると大抵は成功した。

酒一滴いけぬ父は、こうしてよき月下氷人でもあったのである。

父のそうした偉大さが最もハッキリあらわれたのは、子に対してであった。

三人の子の父として、実によく子を知っていた。ある意味で、この父ほど子を知ってくれた父はないと思う。

そうして、それについては、私は到底いまだ筆を運ぶことができない。なぜなら涙のために筆がすすまないから。

(5)　かね　祖母をかねといった。祖母は、米安家から入った。

平治郎翁の長女であった。翁は村の篤農で畔頭をしており、父は実にこの平治郎翁の血をそのままうけているとさえいわれている。

村一番の知者であったという。どんなことでも、翁の所へ相談に行けば解決できたそうである。

若い時から父と同じく「シャクモチ」であったのを、八阪神社に願だちして、生涯キウリを食わぬことを誓ってより、なおったという。しかも、きわめて長寿で一〇一歳にして逝った。

この翁の子として祖母は、美貌と才智とを受けて成長したそうであるが、若くして天然痘を病み、醜くなった。しかしそれ以前より祖父と相思にして、ついに病後結婚したのであった。

(6) まち　母は升田仁太郎の長女であった。升田家は、やはり旧家に属する家であった。仁太郎翁は生来の放浪児で、そのために財産をなくした。一つにはその明敏すぎるほどの頭脳がわざわいして世にいれられなかったのである。母はその長女であった。幼くして山口市にて子守奉公をなし、長ずるに及んで故里にかえった。父との結婚も恋愛結婚であった。
　母は記憶力のいい人で、祖父市五郎に似た型の人である。そうして、私には、かけがえのないよい母でもある。

(7) 音五郎　父の弟に生まれて生来学をこのんだ。大呑氏、徳見氏、岡本氏などの漢学者について教えをうけ、貧家の子弟としては分に過ぎたる学問をしたのである。若くして叔父増井友吉の弟子となり鍛冶屋をしていたが、その養子にもらわれたのを謝絶して、呉に行き職工となった。爾来激しい放浪生活を佐世保、神戸、大阪などに続け、現在川崎造船所につとめている。
　記憶力のいいことはまためずらしく、大抵のことであればノートを要しないというのが叔父の自慢である。

　きわめて清廉。兄弟の仲のよかったことは、その兄と交換されたる手紙によってもうかがわれ、この兄にしてこの弟あるを思わせるものがある。

これを要するに、宮本家のうちに流れているものは、常に、清廉を持する心であり、義侠の心であると思う。利己と邪とをあくまでも排してゆこうというのが、この一族の血の中に盛られた感情であると思う。

慈父語録抄

(1)　金はもうけるのは易いが、つかうのがむずかしい。
(2)　いかに困った時といえども、ぬすみをしてはならぬ。
(3)　病める時、困った時は父母を思え。父母は常に手をひろげて待っている。
(4)　自分の仕事に惚れることだ。
(5)　どんなものでも悪いというものはない。自分の心がけがわるいとわるくなるものだ。芝居も活動も見に行きたければ行くがよい。
(6)　人に施すことを忘れてはならぬ。
(7)　かした金はやったと思え。
(8)　無闇に土をいじるような百姓は立派な百姓ではない。できるだけ土にさわらぬようにすることだ。
(9)　明日の天気がわからぬようでは百姓はできぬ。
(10)　作物は種から選んでかかれ。

(11) 土地にあうたものをつくれ。
(12) 貧乏はしても借金はするな。利子が恐しい。
(13) 工夫を忘れるな。
(14) 仕事着のままでどこへでも行ける人間になれ。
(15) 人をうたがうな。
(16) だまされたら自分がいたらぬと思え。
(17) 馬鹿の相手になるな。偉い人の所へはよく出入りしろ。しかしそれで地位を得ようとしてはならぬ。
(18) 叱る人の所へ行け。
(19) ほめる言葉は耳へふたをして聞け。それくらいにきいて丁度よい。

常一略年譜 〔一歳(明治四〇年)から二九歳(昭和一〇年)〕

一歳　明治四〇年

明治四〇年八月一日生　父　善十郎、母　まち、その長男。

父三五の時の子で、オンダのハッモノと言われた。おそくできた男の子という意である。

その日が旧暦の弘法大師の生まれた日にあたるので、親類の者から、えらい人間になるだろうと噂せられたそうである。〔弘法大師生誕日は六月一五日。明治四〇年八月一日は旧暦六月二一日にあたる〕

常一という名は高木吉太郎翁の父君がつけた。弘法大師のように常に何事にも一番であるように、とのことからであった。

母は私を生む前日まではたらいた。

私が生まれてから一週間もたつと、もう野へ出た。私は乳を十分にあたえられず、泣きじゃくって成長した。

今に泣きやすいのはその名残りか。

当時、家は貧のどん底にあった。父は、蚕によって一家を再興しようと決心して、堀切の山を買い開墾をはじめた。

三―六歳　明治四二―四五年

この間、私は家の前の鎮守の森に入ってあそぶのをたのしみにした。近所の子、高田幸一によくいじめられては泣いた。

小さい弟をつれてあそぶのがうれしかった。

そのころ女の子ともよくあそんだ。

朝早く起きて、お宮の森へ椎をひろいに行くのもたのしかった。

叔父升田仁助が海軍兵学校にはいっているので、夏休みになるとかえってきた。この叔父の後をつきあるくのがすきだった。

明治大帝崩御（明治四五年七月三〇日）、喪章をつけたのを覚えている。

六歳、はじめてオイコをこしらえてもらって山へ行った。

ワリキを六本あててもらっておうてかえった時はうれしくてならなかった。それからよく山へついて行くようになった。ことに祖父についてては山へ行くのを何よりたのしみにした。

そうすると第一、幸一にいじめられないし、また山ではいろいろのあそびができた。城をつくったり、イチゴの実をとってたべたり、時には山の奥の方へ一人で行ったりした。山の奥へ入った時は、不安になると畑にいる祖父をよんだ。祖父が返事すると安心してまたその奥の方へ行ってみた。

山彦のおもしろさや、谷をながれるつめたい水や、ひやりとする空気や、岩の上の風景に心をひかれるようになってきた。

かえりは大抵、祖父のオイコにのせてもらっておわれてかえった。村人は私をじいさんのドーランというようになった。

七歳　大正二年

正月がすむとすぐ、祖父につれられて、呉へ旅をした。呉には音五郎叔父が職工をしていた。ある朝早くおきて、父につれられて外入《とのにゅう》まで歩いた。月が西にかたむいて、丘のカヤがガサガサ風になっていたのを覚えている。

遠くでにわとりがないていた。

外入で河合四郎さんと喜一さんにつれられて汽船にのった。

かもめのとんだ海の風景を覚えている。

汽船で三津浜へついて河合の親類へとまった。

そこで私は町の香をかいだ。今に忘れ得ぬ所である。そうしてそのにおいは田舎にはないものであった。

翌朝、呉行きの船にのった。寒い海風に吹かれながら小母さんが見送って下さったのが目にのこっている。

吉浦へついて、そこから右手は萱の茂る堤の向うに、軍艦の見える海岸を汽車で呉へはしった。呉へは昼ごろついた。町の家は皆同じような建て方で、一つの棟に二軒も三軒もの家族が住んでいるのが不思議でならなかった。また、外へあそびに出て、家をまちがえて他家へ飛び込んだこともあった。町では子どもたちによくいじめられた。

祖父が呉へ行ったのは、前年の夏、矢倉石の崖からおちて大怪我をし、身体がその後不自由なので、医者に見てもらうためであった。祖父は毎日病院へかよった。一月《ひとつき》ほどいて帰郷した。夏だったか秋だったか、久賀に展覧会があって、父につれられて見に行った。花火があがって袴をはいた子供たちが、「テンランカイノニギワシサ……」という歌をうたったのを覚えている。汽船にのられるのが何よりうれしかった。

夏、叔母と部屋ばあ（取りあげ婆）につれられて和田のアワ島様へ参った。小泊の坂を歩いてこえたのがうれしかった。その時も汽船へのった。

このころはずっと父母や祖父について山へ行った。山へ行くのは家であそぶよりよかった。山で、モチなどもって行ってやいてもらうのはたのしかった。

白木山の上だと、遠くの山々がよく見えるのがうれしかった。

父はその島々の名などおしえてくれた。春ゴットイ、秋ゴットイ、ピリピリグソなどという島の名はおもしろかった。牛島は海の中を牛が泳いでいるようであった。

柱、端島、黒神などの名も覚えた。

岩国灘では、軍艦がよく演習していた。大砲の音がはらにしみた。

八歳　大正三年

四月、尋常一年に入学した。西方尋常高等小学校。

夏、日独戦争に勝って旗行列をした。このころ、米をつくのは姉と二人のしごとになっていた。

仁助叔父が海軍兵学校を出た。弟は父に連れられてその卒業式へ行った。

一学期、読方が乙だったので父に叱られた。読方はあまりすきでなかった。一番すきなのは絵で、学科に絵はなかったが、よく書いた。

九歳　大正四年

世界大乱の話をよくきいた。

秋、御大典があった。奉祝門が所々にたって、村人は村中をおどって歩いた。夜は芝居やおどりがあった。

この年、弟が呉の叔父の家へもらわれていった。

一〇歳　大正五年

中耳炎をわずらって吉富病院へ通った。

左耳はほとんどきこえなくなってしまった。

この秋ごろから夜曳へ行くようになった。夜曳のおもしろさは、網をひくより火をたくことであり、話をきくことであった。浜の夜ふけ、星空の下に火をたいて話をきくたのしさは忘れがたきものの一である。

一一歳　大正六年

六月、井上という若い先生にならった。それまでは女の先生ばかりであった。この先生にならったうれしさは格別で、毎日、先生が学校からかえるころになると迎えに行った。そうしてまた先生を海へひっぱり出した。この先生は九月にはやめたが、私たちに子供としての元気をあたえて下さった人であった。

四年生の折は、先生が四度もかわった。これは少なからぬ打撃であった。

このころまでの一番仲のよかった友達は二宮政雄であった。

二宮は頭がわるくて尋常一年のとき落第して一つ年上なのが私の組になったのである。

その父は旅の者で、二宮が生まれると間もなくどこかへ行ってしまった。母は早く死んだ。そうして祖父母と姉の手で大きくなった。その祖父母も肺を病んで死に、二宮のことを皆「肺病政」といっていた。孤独な少年で、皆が行くと逃げたりかくれたりした。

私はこの少年と何より仲よくした。

その祖父母が死んでから、世人はきらって家へ近づこうとはしなかったが、私はよくあそびに行った。その祖母が「政雄とええ朋輩になってくれ」と言ったのが長く頭にのこったのである。

私の心は当時非常に感じやすかった。

山の井戸に一匹の亀がいて、その亀を見るのがたのしみであった。

しかし、あんなせまい世界でしかも冷たい水の中にいたらどんなにかさびしかろうと思うと、かあいそうでたまらなくなり、祖父にたのんであげてもらい、家へもってかえった。胴を縄でくくって、ぶらさげてかえったのだが、その間、亀は首も足も出さなかった。ぶらさげてあるいているいると、それがまた気の毒で仕方なくなり、家へかえるまでに泣き出してしまった。

そうして祖母に、もう一度山へもっていって、井戸へ入れてもらったことがある。

また村に島津という水平民がいて破産した。大きな借金のために食うものもろくに食わずにいるときいて、祖母にせがんで、夜、麦の握り飯をもっていってもらったことがある。可哀そうでならなかったのである。

また、毎年旧一月二〇日の弘法市の日にたくさんの乞食が来たが、それらの乞食の、夜、とまるべき宿のないのを真面目に気の毒がって、祖母にとめてやったらどうだろうなどと相談したことがある。

感じやすくて、泣き味噌だっただけに、気の毒なものを見ると人一倍心をうたれた。

一二歳　大正七年

植田という先生にならった。

短気な先生でよくなぐった。しかし私はこの先生がすきであった。この先生が本をよむとき一種口調があり、それをきくのが何よりすきであった。読方のすきになったのはこの時からで、読方の本を一冊まる覚えにしてみた。

学年末には初めて一番になった。

一三歳　大正八年

永井という先生にならった。としよりで、きらいな先生であった。したがって成績はいちじるしく下った。

このころ、二宮政雄は、叔母がスマトラへ行っており、それが金をおくってきて、『日本少年』などとっていた。雑誌をとっているのは二宮だけだった。私もこれを借りてよんだ。

それがもとで、豆本をたくさんよみ出した。この年から一四歳へかけて、よんだ講談本は一〇〇冊を下らなかった。

また学校にたくさん世界お伽噺の本があって、これもよくよんだ。『鉄の王子』、『九羽鳥』、『木馬物語』などは、今でもかすかにすじを覚えている。

このころ、少年団を組織し、夜々子供を集めて勉強した。集まるもの二宮政雄、土手政七、田村藤七、森口虎雄、中島善一らであった。これは約二年つづいた。

一三歳の春、流行性感冒が流行して私も病んだ。一家総臥というありさまだった。私は多くの鼻血を出して苦しみ、母は肺炎をやった。

しかし蚕をかわねばならず、病後の身体で無理な働きをした。

最もこまったのは、蚕のできがよくて桑がなくなり、一里半もはなれている小積《おつみ》へ桑を買いに行かねばならないことであった。わるい山道を、ふるえる足に重い荷をおうて、日が暮れてからかえった思い出は侘びしい。

母のやせた姿も目にうかぶ……。

一四歳　大正九年

同級の二、三名が中学へはいった。しかし私はゆけなかった。

四月、白井清次先生を迎えた。師範を出たての人で、文才もあり、また頭のいい先生でもあった。私はこの先生の下に、級長として五〇名を統《す》べた。

先生によって大和田建樹、徳富芦花、国木田独歩、高山樗牛、坪内逍遙などの名を知った。先生はよく師範学校の国語教科書を読んで下さった。

当時、私は講談本はよみつくしていたので、隣家の二階をさがしはじめた。隣家は母の里で、母の弟、乙五郎、仁助、吉蔵の三人はいずれも学をこのみ、本をよくよんだ。その本がたくさんあった。

最初によんだ本が『自然と人生』であった。実に面白かった。ついで中学の国語教科書をよんだ。『時勢と英雄』（久米邦武）、『日本武士』（田中義成）、『英雄風雲録』（笹川臨風）、『源平集』（岡本綺堂）、『金色夜叉』、『四十女の思いきった告白』、『平家物語』などをよんだ。

中でも『平家』を愛読した。

そうして『講義録』というもののあることを知った。

家が貧乏で、盆でも働かされたが、時に一日くらいひまをもらうことがあって、そういう時には二宮と山本勝三郎の三人でよく歩いた。村祭りなどでも村であそぶということなく、山野を跋渉したのである。旅を恋うる心がすでに芽生えたのである。

この年、学校ではじめて野球をやるようになった。私はその応援団長になった。

一五歳　大正一〇年

四月、『国民中学講義録』をとりはじめた。

旺盛な読書力がいろいろの本をよましめた。雑誌も『日本少年』、『少年世界』、『少年倶楽部』、『世界少年』、『冒険少年』などを級でとってよみ、仁助叔父が最初に『海国少年』を毎月、のち一、二年の『中学生』を送ってくれたのでむさぼりよんだ。『海国少年』で面白かったのは「十五少年漂流記」であった。「怪洞の奇蹟」、「難船崎の怪」など冒険物がすきになった。その外、『寺内元帥伝』、『乃木大将伝』、『不如帰』、『大正の青年と帝国の前途』(徳富蘇峯)、『青芦集』(芦花)、『肉弾』、『思い出の記』などよんだ。今にして残念なのは周囲にすぐれたる文学書のなかったことである。

六月二日、白井先生が沖家室校にかわった。生徒は皆声をあげてないた。師を送るにあたって泣けたのはこれがはじめてである。

実にいい先生であった。その日先生が私に下さった「児等よ」の一文は巻紙二丈にあまるものであり、長く肌身はなさず持っていたが、どうしてか失ってしまった。

先生は多くの唱歌を作ってわれわれにうたわせた。希望の歌、健児の歌などは、今もそのまま言葉を覚えている。

私にとっては実に大切な人で、文学に親しむ途はこの人がひらいて下さったのである。

六月、兼田先生を迎えた。先生と合わず、秋一〇月、学校前の城山に上って、先生排斥をやった。ために先生はやめてしまわれた。この先生は実に立派な方であったが、非常に不遇で、今にしてこの時の態度を遺憾に思っている。

先生とは今実に親密である。

この先生によって『瀬戸内海論』をよんだ。


一一月以降、担任の先生なく、ほとんど私が教えた。採点その他も私の手によってなした。

一六歳　大正一一年

大正一一年三月二〇日、西方小学校を卒えた。

友だちはそれぞれの仕事に従事したが、私だけは家にいて百姓しなければならなかった。それがたまらなくさびしかった。

毎日の労働に身体はつかれた。だが、夜々梅田先生の許へかようて勉強した。

当時野口先生も可愛がって下さって、いろいろ本など貸して下さった。

また、誰か本をもっているときくと、仕事からのかえりだとか夜出かけて行って借りてよんだ。そうして村にある活字にされた目ぼしい本は大抵よんだ。

『寄生木』（芦花）、『朝』（田山花袋）、『若き教育者の自覚と告白』（稲毛詛風）、『雲の行方』、『裾野の道』（勝田香月）、『新橋』（有島武郎）、『坊ちゃん』、『太陽をいるもの』、『死線を越えて』、『星より星への通路』、『星座』、『だびでと子たち』（紘二郎）、『呪われたる抱擁』（ゾラ）。『講義録』も一生懸命によんだ。その附録の「新国民」はすきだった。

神戸にいた音五郎叔父が、修養団へ入れてくれたので、『向上』をよんだ。『文章倶楽部』を友だちに借り、梅田先生に、有島武郎の『泉』を借りてよんだ。

八月、郡内安下庄町に中堅青年の講習会があって、原校長にすすめられ出席した。郡ではこれがこの種の講習会の第二回挙行のものであった。講師河村謙助先生から可愛がられ、のち長く『山口県青年』を恵与された。

この時、安下庄町に青年団の雄弁大会があり、河村先生に指名されて一席弁じた。題を忘れたが喝采を博し、ために郡内に名を知らるるに到った。

この講習会では私が一番年少であった。

五日の講習会をおえてかえるや、直ちに村で講演会をひらいた。講師に、叔父升田仁助大尉と後藤佐四郎先生を招いた。甚だ盛会であった。会場は共同飼育所を借りた。

一六の少年にしてよくこういうことができたものだと、今でも我ながら面はゆいものを感じる。

なおこの時、私もたち、青年会館の必要をといた。これが遠因となって現今の二〇〇余を収容し得る会館建設の運びをみたのである。

秋、『講義録』をとり終えた。

『新国民』へしばしば投稿したが、いずれも没書の厄にあい、のせられたものはほんの二、三にすぎなかった。このころから和歌を作った。それも甲の部くらいの所に出るにすぎなかった。

一年下の組が回覧雑誌を作り、それに書けといわれてよく書かされた。

また大島郡教員有志が、『みどり』という雑誌を作っていたが、それにも野口先生にすすめられて時々書いた。いずれも冷汗ものである。

一七歳　大正一二年

大正一二年二月、青年会幹事に当選した。けだし、一七歳の幹事は村において未曾有であった。読書はなお甚だ盛んであった。

四月、姉が女学校へ編入試験をうけて行くことになったので、私も乞うて上阪を志した。父が、一カ年間、私に百姓をさせたのは、身体を十分にかためるためであったと、のち承った。

私はこの一年間をいかに煩悶したことか。鬱勃たる野心をどうすることもできなかった。私の野心はすぐれたる文学者になることであった。それが許されたのである。

三月二七日、脳出血にて突如祖母が逝った。

四月、上阪。多くの友に見送られて実に華やかな首途だったが春雨が降っていた。未だかつて、かくのごとく多くに送られたことはない。――そのほとんどが青年であり、少年であった。

父は大畠という山陽線の駅まで見送ってくれた。

この日の父の姿が今も頭に鮮やかである。

上阪して、北区中江町の市場なる叔父の家へおちついた。

叔父の家は餅屋で、もと工場だったとかいうせまい家であった。私は初めてここで町の生活に入った。そうして久しく別れていた弟と暮すようになった。弟は西野田職工学校へ行っていた。仕事がないので、しばらく餅屋の手伝いをすることにした。夜はひまだから野田図書館へかようた。そうして、柳沢健の詩集、漱石の小説、藤村の詩集などよんだ。

仕事のひまな日は十三《じゅうそう》へよもぎをつみに行った。またきたない支度をして、美しい人ばかりのっている阪急電車で、三国へゲンノショーコをとりに行った日はさびしかった。大きな袋にいっぱい入れたのをかたわらに、戸口に立って窓の外ばかり見つめていた気持は、今思ってもいじらしいものであった。

餅屋の仕事は朝がいそがしく、それがすむと午后は手があいた。したがって、午后になるとよく出あるいた。安治川筋へは毎日のように行った。

馬糞がころんで埃っぽくて、小便くさい、あの川ぞいの道がまたなくすきだった。日曜などには十三堤へ寝に行った。

若い芦の茂みの中にころんで空想にふけるのはたのしかった。

郵便局へはいるために大阪中央局へ行ってみると、逓信講習所へ受験してみろというので、そうきめた。

当時、局員の払底時代で、二五〇名を募集していた。これに対し、大阪での受験者七五〇名、地方を合すれば一二〇〇名に及んだ。何の準備もしていないので到底だめだと思ったが、ともかく受けてみた。すると指頭試験とメンタルテストで、まんまと失敗した。はいれる見込みはないと思ったから、郵便局へ勤めるべく行くと、一度たしかめてみろとのことで出かけた。すると意外に学課の点は平均九三点で、三番だとのことであり、他は悪くても入学できるとのことであった。

しらべてくれた人は山口県の人だった。私が山口県だと知ると、「こういう所へ入るものではない。結局身を殺すか、でなかったら、身をくずすかだ。田舎に中学でもあるなら、それへはいるがよい」とさとしてくれた。しかし、学課点が三番だったという喜びがその注告を耳へ入れなかった。逓信講習所は桜宮にあって、淀川堤の下にささやかに建っていた。そうして、広く青い田圃の彼方に生駒の山がよく見えた。

未だあのあたり一帯は広い田圃続きだった。城東線の土手が京橋まであまりさえぎるものなしに見られた。

五月末、この学校に入った。そうして寄宿舎に入った。

入ってみると、いずれも小学校では一、二番だったという仲間や、中学を三、四年で退学したような人々の集まりであった。

私はC組で、松本繁一郎先生が担任だった。この先生に通信技術をならった。技術は全く私は不得手だった。送信、音響（きいて書く）、印字（符号を文字になおす）の三つであるが、そのうち音響がとくに悪く、一〇分間に三〇〇字から七〇〇字くらいきくのだが、一字まちがえると、一〇点だったので、よくマイナスをとった。マイナスをとると遠慮なく退学だった。私の組でも、清原、松尾などが退学した。

清原は奈良の竜門村の人で、あの村は談山から吉野へ出る山間の村だ。そこからわざわざやってきてとうとうかえされる一人になったのである。そのかえる日、秋雨が降っていた。雨が心にしみるような日だった。

松尾は岡山県だった。志をたてて出でつつ意を得ずかえって行く君の姿のさびしさに、見送る者も泣けて仕方なかった。私はC組の副級長だったので級長の桐山と二人で、そういう人の荷ごしらえなど手伝った。ポツリポツリと何人かこうして退学した。退学するたびに私はおびやかされた。

私はいつもマイナスをとっていた。学課の点がいいのでわずかに在学を許されていたものの、とくに先生から「いつ追放されるか判らぬ」と注意されていたのである。

入学して間もなく、耳の調子が悪いのと鼻がいけないので、伊勢町の医者へかよいはじめた。しかし、どうもおもしろくなく、上本町六丁目の浅井病院へかわった。しかしここも三カ月かよって秋になったが、ききめがないので、戎橋の片岡病院にかわり、片岡で鼻の手術をした。たくさんの費用がいって、小さな心をいためた。

技術の成績が思わしくなく、その他のことがあって神経衰弱にかかり、死の誘惑におそわれた。鉄道線路へ出かけて、友に抱きとめられたこともあった。強い感傷の日が続いた。

一方、正義感はもえて、舎長の堀君が入浴券を乱用して妙な事件を惹起した時、桐山、大空二君と舎生をかり、堀君排斥をやった。しかし、これは失敗に終った。この時以来、桐山、大空の二君と仲よくなった。

本はできるだけよんだ。『保元物語』、『平治物語』、『弓張月』、『太平記』などの戦記物から、『善の研究』、『人生論』（トルストイ）などにまで及んだ。『善の研究』は松本先生から借りたのであるが、むずかしくてわからなかった。

しかし何といっても一番心をうたれたのは、藤村の『春』であった。これはそのころ、戎橋に蓬髪の古本屋がいて、その男の店で買ったものである。『春』によって北村透谷を知り、『透谷選集』をよんだ。

「死」の問題についてまじめに考えるようになった。

言い落としたが、白井先生が病気のために高安病院に入院していられたので春ごろ、時々見舞いに行った。行くとよく話し、そのために発熱するようなことがあったので、だんだん行かなくなった。しかしその間に、先生から西田幾多郎博士、藤岡作太郎博士の名を聞き、その偉大さを知った。『善の研究』をよむ気になったのはこのためである。

九月一日、大地震が関東を襲った。この日私は清水谷図書館で医者のかへりを本をよんでいた。

一〇月、福島の分教場（工場を校舎にしたもの）へかようようになり、毎日桜宮から歩いた。源八渡を渡って堀川監獄址をあるいて、北野工業の前に出、福島まで行くと、どんなに早く歩いても一時間はかかった。

その行くさ来さにも強い感傷が心にせまった。そうしてたえず退学におびやかされていた。けだし、退学の厄に遭うて自らを殺した幾人かがそれまでにあった。その上また桜宮駅東方ではよく自殺者があった。明るかるべき日、私はまたなく暗かったのである。

一二月、冬休が五日あったのを帰郷した。

一八歳　大正一三年

五月、卒業。上阪の頃の英雄的空想は消えて、すっかりいくぢない人間になり下っていた。実に一年間「退学」におびやかされたためであった。かろうじて卒業させてもらったにすぎぬ。先生にもよく叱られた。実にみじめな姿で、小学時代の華かさはみじんもなかった。卒業の日も大八車をかりて荷を車につけ、桜宮から西野田の叔父の家までひいてかえったものである。卑屈になってしまった自分を情けないものに思って、いやが上にも心は暗くなった。

勤務局は高麗橋で、大空君と一緒だった。技術がまずいので到底中央電信局へは向かなかった。そこで技術のいらぬ局を志したが、適当なのがなく高麗橋局にきまったのである。


七月、叔母と面白くなくて、ついに叔父の家を出、再び桜宮へかえり下宿した。そこにはだらしない郵便局員が何人もゴロゴロしていた。到底たえられないので、一月にして釣鐘町二丁目の矢野方へ間借りした。少し雨が降ればダダもりに雨のもる天井裏だった。

矢野のうちはおばあさん一人だった。東隣が帽子木型師で清《セイ》さんといった。この清さんの嫁さんは、清さんに嫁ぐ前に他の男と関係していたことがあり、清さんとの間に子が二人出来ても、清さんは嫁さんを疑い、しばしば子供を殺そうとした。はては煩悶の末、自らの生命を絶とうとし、お城の濠にとび込んだり硫酸をのんだりして、東京にいる師匠がとんで来たこともあった。

私は矢野のおばあさんと二人で清さんの嫁さんをかばったり、嫁さんが字を知らぬので代筆してやったり、清さんの行方不明になったときには探しに行ったりした。ここで初めて、本当の人生的なものにふれた。

日給一円の者が間代一〇円、電燈代五〇銭を支払うと、あとには二〇円足らずしか残らず、朝一五銭、昼二〇銭、晩二〇銭の弁当を食べたのでは、小づかいもろくになく、実はその上、共済組合などに金をとられて、とうてい飢えずに生きることは困難だった。そのために二食にした。発育盛りの者の二食は無理だった。時に本などを求めようと思えば、二食をさらに一食に減じ、ついに一日絶食ということもあった。そういう時には水腹ですごすのであるが、眼がくらみ足がふらつき、局から家まで三丁の道さえ歩く力が十分でなかった。体重はどんどん減じて一一貫代までおちた。

しかし本だけはたえずよんだ。「何とかして立派な人間に」という意欲は常にもえた。一日七時間勉強、五時間睡眠主義を実行した。本は主として中学教科書だったが、矢野のおばあさんの息子が家へ少々本をおいて行っていたので（息子は京都と伏見におり、京都の方が本をもっていた）、それをかりてよんだ。

『谷崎潤一郎傑作集』、『泉鏡花傑作集』、『一葉全集』、『独歩全集』、『東山の麓から』（成瀬無極）、『岡崎夜話』（成瀬無極）などがそれであった。

一人で一〇円の間代を出すのは容易でないので、由利範雄君と一緒におることにした。由利君は丹波の人。おとなしい、私とは正反対のものしずかな人であった。天満局につとめていたのである。

生活がやや楽になった。しかし、時々空腹な目にあわねばならなかった。そのためにさもしい盗みもした。

一九歳　大正一四年

四月、高等試験令七条試験をうけた。——高等文官を志したのである。しかし、三科目合格をみたにすぎなかった。相かわらず心は感傷の底にしずんでいた。

幸いにして局の主事中尾、加島両氏から愛せられた。憂鬱になっていると、中尾氏はよくその家に同伴してかえっては御馳走してくれ、またはげましてくれた。主事の家は守口にあった。

夏、脚気を病んで体力はますますおとろえた。由利君また腹膜炎にかかった。

九月、専検［専門学校入学者資格検定試験］をうけた。これも課目合格したに過ぎぬ。実は脚気悪く、ほとんど精力はなくなっていた。

一方、矢野の家は雨洩りがはげしいので家主との交渉の結果、その修繕をみることになり、立ち退かねばならなくなった。やむなく由利君の身体にもいいようにと思って、郊外の森河内へ引越した。ここは片町線の放出《はなてん》でおりて南へ五丁ほど行った所である。そこで一戸をかまえた。

家賃一二円、電燈六〇銭、新聞一円、汽車賃何がしを払った残りで生活するので容易ではなかった。自炊生活もまた煩わしかった。それに由利君の身体はそうよくなかった。

否、私の脚気が一一月に入っても悪くなるばかりで、なおりそうになく医者は帰省をすすめた。やむなく一一月帰省した。

一〇日ほどあそんで上阪すると、今度は由利君が肺尖カタルを併発していた。しかも毎日三九度くらいの熱をおして通勤していた。

由利君は正月をすまして国へかえりたいというのを、私は正月の多忙にとうてい堪えられる身体ではないのだから、正月前にかえれとすすめた。由利君もその気になった。夜に入ると悪寒があるので、コタツも何もない家のこととて、私は由利君にピタッと身をつけては寝てやった。布団は二人の分をかさねて着ても未だ寒いいっときがあった。それがすぎると恐ろしく発汗した。するると私は起きて友の汗をふいたり、湯をのませたりした。朝になると気分がよいので、友はまた局へ行った。

しかし、とうとう一二月二〇日すぎに丹波へかえることになった。

駅へは大空君と送って行った。寒い日で、雪で真白になった汽車がはいってくるようなもののしい、またさびしい朝だった。

友は三田あたりまで見送ってくれというのを、金がなくて見送れなかった。

丹波へかえった友は、二、三通手紙をくれたきり、何の音沙汰もしなくなった。私もそのために通信をたった。今にして思えば、可哀そうなことであった。病気はそれから重《おも》る一方だったのである。慰める術もあったのに。

身体が弱くなって腹痛が続き、また全身ふきでものに困らされた。

高麗橋局は郵便局区域を拡大されて、その冬は殺人的多忙にあえいだ。

私はもう到底局員たるの勇気を失ってしまった。

そうして一時も早くこの世界を抜け出そうと決心した。私には一個平凡なる局員として生涯を終える気持は少しもなかったのである。

私は私の生活をもっと色彩あるものたらしめたかった。

そうして、絶食してまで本をよんでみたところで、それがいつまでもつづくものではなかった。

私はかくのごとき喘ぎの世界から抜けることを第一義として、大正一五年を迎えたのであった。

二〇歳　大正一五年

一月、大空君が肺尖を悪くして発熱しはじめた。

安月給で栄養が悪く、不規則な生活は、若いまじめな魂をどんどんむしばんでいった。

私は森河内の家に正月を迎えた。身にこたえるさびしさだった。

二月、決心して天王寺師範二部をうけた。

応募者四六〇、うち、無試験入学資格者九〇、募集一二〇名、私にはとうてい見込みないと思われた。

グラウンドを八回走らされた時、私は五回半でおちた。身体に力がなかった。

おもしろいことは、専検の顔ぶれがたくさん見うけられたことであった。故郷の先輩、山本豊吉君も来ていた。

この人は北浜の株屋にいたが、この試験に失敗して間もなく肺を病み、故郷へかえった。

この月、森河内を引き払って東野田の山口の二階を借り、渡辺氏と自炊をはじめた。森河内の生活はわずかであり、友、由利を病ましめて別れるに到っただけに、身にしみて思い出がふかい。

この地を去った日は雪のちらつく寒い西北風の日だった。

ポンポン船で寝屋川を下ったものである。

三月、同宿の渡辺氏に無理にすすめられて活動写真を見に行った。上阪以来ついぞ見たことのない世界をのぞいて、強く心をひかれた。この時以来、何らの選択なしによく見に行った。

その悪い反影は読書の上にもあらわれ、『キング』のようなくだらぬ雑誌をよむようになった。

月末、天師から入学許可の通知がきた。

四月九日、天王寺師範に入学した。サージの服は許されぬというので、石井孝三君に小倉服の古をもらい、またその帽子をもらって入学した。石井君は逓信講習所時代の親友で、私を兄のようにしたっていた。早く母に死別し、幼よりつぶさに辛苦をなめ、子守り、職人、奉公、あらゆる仕事をし、ついに大阪に出て来たのである。その家は豊岡藩の家老だったというに——。

一家の四散ぶりも甚だしく、行方不明の兄さえいた。

そのために私はこの友の唯一の相談相手であった。

入学の日、大空君は大八車を借りてき、荷物を片町駅まではこんでくれた。大空君の病気はもう大分悪かったが……。

五月、体重をはかると一五貫を突破していた。

生活ががぜん楽になったのである。すばらしい健康がやってきた。校庭のクローバにねころんで、はじめて朗らかになれた。

この月、国語の金子先生〔金子又兵衛〕に知られた。

先生は、大学を出たばかりであった。先生にいろいろ作文を指導していただいた。また先生によって檜垣月見君とも親しくなった。檜垣は反逆児であった。

読書、『大杉栄自叙伝』、『近松傑作全集』などよんだ。近松物をこの時よんでおいたのはいろいろの意味で私の役にたった。

七月、阿波小松島へ臨海教授に行った。そうして、久しぶりに逓信講習所時代の友、松田直一を撫養《むや》に訪ねた。

この時の宿は公会堂であった。担任の笠井先生が、酒を飲んでだらしない顔をして毎晩点呼するのに憤慨して、檜垣と級長の石井と三人で担任排斥をやった。一晩中寝ずにさわいでついに先生をあやまらせたが、これは九月にたたって、危うく退学になろうとした。

八月、『金槐集』をよんで短歌創作の欲にもえはじめた。そうして「源実朝の歌」と題する研究論文を物した。研究論文の最初のもので五〇余枚を要した。この要約は校友会誌にもかかげた。また、文才を金子先生に認められ作家を志望するにいたった。

九月、金子先生によって、檜垣と二人で、スチルネルの *THE EGO AND HIS OWN* を昼食後の一時間を利用して学んだ。

野心的で平明だった私の思想にやや陰影がついた。

一〇月、友は皆、満州旅行をしたが、一人帰郷して久しぶりに故里の秋にあうた。

一二月二三日、東京高師受験のため上京した。快晴の空に富士の雄姿を仰いで心新たなるものがあった。

二五日、大正天皇崩御の報を、三田台、済海寺境内吉蔵叔父の宿できいた。

昭和と改元。

高師受験、第三日の歴史で失敗。

東京にて越年。

二一歳　昭和二年

昭和二年一月、新潮社に大宅壮一氏をとうた。当時、氏は社会問題講座の編輯をしていた。氏の鋭い観察眼に敬服し、私の読書心はそそられた。

街は改造社の『日本文学全集』の広告で賑っていた。

江古田の海外学校に永田稠氏をとうた。私は郵便局時代から力行会に関係し、力行会大阪支部で幹事をしていた。そのためである。

一月一七日、練習艦隊にのって西欧に出かけていた仁助叔父を横須賀に迎えた。

一八日夜、東京をたち、一九日、伊勢神宮に参詣し、同日夜、大阪にかえった。

かえると一カ月一万頁読書を計画した。まず『川上眉山全集』から手をつけ、自然主義時代の代表作をほとんどあさってよんだ。そうして啄木、藤村などの位置をはっきり知ることができた。

卒業までの日に、ざっと二万三〇〇〇頁ほどをよんだ。これによって明治文学を大体明らかにするを得、且つ大正文学のアウトラインをつかんだ。

再び独歩をよみ、菊池寛、芥川竜之介、有島武郎などの作品にも接した。そうしていよいよ作家志望を強くした。

三月末の数日を金剛山下の山村ですごした。

四月、一年現役兵として八連隊に入隊した。

天師出身の、在学当時は疎かった有松佐一郎君と親しくなった。この友によってファブルを知り、柳田国男の名を知った。


軍隊の五カ月はいろいろのことを教えられた。


久しく通信をたっていた由利君へ手紙を出すと、その兄から、七月三〇日、雨のしとど降る夜、永眠したとのことであった。

私の手紙はその友のなくなった日に届いたのである。

生前とくにしたしかったこの友の死は心をくらくした。

八月末、祖父の病の篤いことを知り、八月三一日帰郷した。

九月に入って祖父の病は革《あらたま》り、ついに永眠された。

祖父は、発病の日まで働いた。その日は盆で、人々は仕事を休んでいるのに、山道がいたんで、人々が困っているから、と言ってなおしに行った。日盛りを休みもせず夕方まで働いて普請はできた。夜は盆踊りを口説きに行った。かえってから突然、意識不明におちいり、医師を迎えると嗜眠性脳炎とのことであった。

その不遇にして、働くためのみに生まれ出でたまえる生涯は、かくして終った。

九月一〇日、上阪、その足で丹波山中の由利君の墓に香花をささげに向った。

一二日、泉南郡有真香村修斎小学校に赴任した。

撫養の松田君また肋膜を病むときいて、九月二三日、阿波高越山中に松田を見舞うた。幸いにして快方にあり、共に高越山にのぼって別れた。その父は、三山村の助役をしている篤実なる農夫であった。

一夜親しく語り明した思い出はふかい。

霧こむる谷の暁に脚下とおくせせらぎをきき、こんにゃく畑に露したたる中を、山路をのぼった思い出も、今はるかである。その日やさしかりし父もすでになき人という。

高越山を下って川島まで人力車にのった。生まれてはじめて乗ったのである。桑畑の中を老車夫は走る。生涯おそらくこれ一度であろう。とうてい気の毒でのれるものではなかった。しばしば途中で下りようといったが車夫は笑ってきかなかった。

徳島に出て撫養までバスにのり、撫養から汽船で大阪へわたることにした。撫養の里浦の鼻は波が白々とよせて、広い砂浜に数千の鴉が群れつつねむっていた。空は暗くたれ、風が岬山の樹々をならした。私はその数千羽の鴉群の中に立って叫んでみた。無気味な啼声と、ものすごい羽ばたきが周囲で氾濫した。

その夜半、大阪への船へのったのであった。

修斎小学校では五年生を受持った。最初、宿直室におり、のち、神須屋へうつって一戸を構えた。田中清次君と同居した。

このころから盛んに外国文学書をよみ出した。ちょうど『世界文学全集』が出はじめたころであった。

和泉山手の小さな小学校に気儘な日々を送ってほとんど教室にいることなく、山へ行ってはあそんだ。子供らはよくなついた。

二二歳　昭和三年

軍隊で勉強しなかったおかげで、どうも準備が十分でなく、ついに高等師範受験を断念した。

しかし山手の学校にいつまでもいる気はなく、師範学校専攻科へ遊びに行ってみる気になった。

そうしてそこで第二段の構えをしてみる気になった。高師を受けるなり文検を受けるなりの……。

しかし専攻科へ行く費用がない。重田堅一に相談すると出してやろうとのことで、そうきめた。

そうして金子先生や米井先生についてうんと勉強してみようと思った。

四月、専攻科に入った。

宿は北区沢上江町の松本先生宅だった。松本先生は高等文官試験に合格して、大阪地方裁判所の判事になっていられた。

檜垣が国分小学校から千早小学校へ転任を命ぜられ、その教え子たちへの愛着と、山の生活のさびしさに堪えず、千早を去って行方不明になった。

私はそのために千早校を訪うこと三度、その処理のために奔走した。が、ついに再び友を千早にかえすことはできなかった。当時の檜垣はスチルネルの書を抱いて極端なニヒリストになっており、たびたび自殺をはかった。

友一同は心配して対策を講じた。私は貧しくて経済的援助をあたえることができなかったので、金子先生をとき、福本恵順をとき、重田をといて、九州に行っているとわかった友に送金したりした。

そうして再び大阪へよびもどした。

ここに真田山時代なるものが出現した。

真田山は重田のつとめていた学校である。

重田はこの学校で高岡、平尾の二君と仲よくし、高岡君はすでに村長たりしこともあれば、阪急沿線の仁川学園に校長たりし人でもあった。西田幾多郎、ニイチェなどを口にするまじめな読書家であった。

この学校へ、私は重田に金を借りるためにしばしば現われ、檜垣もまた出入りするようになった。檜垣を就職せしめるために、私は奔走をはじめた。

府視学になっておられた米井先生に説いて、ついに同君を中本第一校に就職せしめた。実に七月のことであった。

真田山時代はあたかも藤村の「春」のごとき観があった。談論風発し、私と高岡氏の芸術論はついに一夜にしてつきず、翌る夜もまた論戦したことさえあった。そのはては実際について語り合おうといって、平尾、重田らと朝日会館にゴーリキーの「夜の宿」を見に行ったことがある。私の長く忘るべからざる叙情詩的時代であった。

七月ごろからさそわれて夜光珠歌会へ出席するようになり、同誌へ歌および研究をのせた。七月末、松本先生が徳島へ転任せられることになった。

金のない私はハタと困った。そうしてこのことを森先生にうちあけた。森先生によって米井先生につたえられ、米井先生の世話で吉岡由太郎先生の家の留守番を、夏休み中することになった。吉岡先生は郷里伊予へ夏休みを帰省されることになったので……。そのおかげで一カ月だけはおちつけた。

一カ月の間、猛烈な読書をやり、『日本文学全集』の既刊分全部と多くの思想書をあさった。毎日、風呂に行く以外は家にいた。

その傍ら米井先生の坊ちゃんの勉強を見た。

ちょうど富士屋食堂のできた年で、はるかに富士屋の屋根が見え、そこから毎日のように「道頓堀行進曲」がきこえてきた。

吉岡先生の家は旭通で、裏は崖になっており、その下は田圃だった。鳥潟病院がその田圃の上にたっていた。

九月になって吉岡一家の人々はかえってきた。同居を許されはしたが、私にはでき難いものをかんじた。人に使われ、人の中に生きた人間のみに見る卑屈の心が私のうちにもあり、それがいじらしかった。米井先生の言葉をふりきって、再び町へ宿をさがしに出たが、経費の上からとうてい思うようなものはなかった。

そうして偶然なことから、石川久成氏宅へ家庭教師にはいることになった。久成氏の長女静枝は、二部にいたとき教えた子であった。これは失敗に終るものであると米井先生からさとされたが、先生の言を裏切って石川家へはいった。

石川家での四カ月は米井先生の言のごとくであった。

そうして表面はともかく、飼われたる一個の奴隷であった。信頼せられる前に、常に冷い眼があった。

一二月、ついに同家を出てしまった。そうして大軌沿線の小阪にいた友、森本重太郎の宿へころげこんだ。

森本は大和三本松の人、逓信講習所時代、兄弟以上に仲のいい友であったが、中傷されて、しばらく疎くなっていたのである。それが、この友が肺をやんで国へかえるや、見舞いの手紙をだした二人の一人で、友は、私の親切に再びしたしさを覚えてきていたのである。もう一つは、檜垣が、中本校で職員室の机の引出しに『クロポトキン全集』を入れていたのを見つけられて、自ら学校をやめ、再び街頭の子となったのに対し、その塒《ねぐら》として森本の宿をすすめ、森本に世話をたのんだりして、再びあたたかなものをお互いは持つに到っていた。森本は病後をよく檜垣の世話までしてくれた。

この森本の宿というのが実にひどくて、貧民窟同様だった。下は、屋根屋夫婦が白痴に等しい子を抱いて生きており、二階には、商売に失敗して妻までも失った男が、毎日暦を見て暮していた。せまい家に三つのグループが巣喰うて、別に話しあうこともなく生きていたのである。

仕事をなくした私には再び飢えがきた。

そういう私に一番同情して下さったのは金子先生であった。昼食の時、門衛の所で待っていると先生が出て来られる。先生の後をついて一ぜん飯屋へたべに行く。こういう日が続いた。センチでもあったが、元気でもあった。そうして貧乏にもなれた。

檜垣はその間に友の家をわたりあるいてたべていた。お互いよく翼をひろげて、あたためあうた。

金子先生を中心に、重田、檜垣、さらにその外辺をとりまく多く。

私は皆にも可愛がられた。

家庭教師のおかげで高師受験がまたのびた。ままよという気にもなった。

二三歳　昭和四年

野放図になって、よく友から金も借りた。貧しくして清節はなかなか保ち難かった。しかし、立場をよく理解してくれて、野仲、宮本の諸兄はいろいろ便宜もはかってくれた。一方、檜垣の世話にもずいぶん手をやいた。

夜光珠の仲間と別れた。これは野仲君が夜光珠連中とよくなかったのに原因する。野仲君が出たから私も出たまでだった。

ゴーリキー、ツルゲーニエフ、ハムスン、トルストイをはじめ、マルクスなどの名を話題へのぼすようになり、読書は翻訳物へ集注されてきた。

三月、専攻科を出て、四月、泉南郡田尻校へ赴任した。修斎小学校へかえってくれ、かえる、という約束だったが、府はこれを許さず、視学と喧嘩したが結局駄目だった。

全力をあげて子供らを愛した。彼らは五年生であった。五月ごろから盗汗《ねあせ》がつづいた。檜垣がしばしば田尻の家へ来るようになった。

このころ猛烈に外国映画を見はじめた。心に残るものは、「サンライズ」、「ヴァリエテ」、「聖山」、「大統領」、「最後の警告」、「ベン・ハー」、「サーカス」、「街の天使」、「つばさ」、「ビッグパレード」、「田舎医者」等々である。

シトロハイムを知り、シェストロムを知り、スタンバーグを知り、フェイヨスを知り、レオンポアリエを知った。ムルナウ、デュポンの頭のよさ、ラングのすばらしい構成ぶりにもおどろいた。

夏、田尻の家は多くの人々の宿になり、近隣なづけて浪人街といった。蚊帳一枚に五人がねたこともある。オカユにミソで一日をすますこともあり、スイカで昼食の代用をしたこともある。来る者いずれも文学、思想、映画、和歌を説き、しからざるものを俗物とした。私の財布は常に浪人たちの手から手へわたり、財はすぐ散ぜられてしまうありさまであった。

しかして真田山時代につぐ田尻時代を画した。

同志二階堂顕蔵は、絵に志して一年半にして帝展に入選した。

秋、機熟して、檜垣三度教職につくことになった。しかして中河内玉川校に奉職した。

当時、私はしばしば胸にきりをもみこまれるような痛みをかんじた。

弟の養母は大正一五年（?）逝き、新たに義母を迎えたが思うようにゆかず、弟が神戸高工に入学してからいよいよおもしろくなくなって、しばしば家出した。そうして私の所へ来た。弟は時に公園放浪者にもなった。だが学業はすてなかった。

夏も逝かんとするころ、私は私を慕う女の人のあることを知った。女性は修斎小学校での教え子だった某の姉、豊であった。初めその資格なきことを言い送ったが、ことはいつかすすんで、文通がはじまった。私ははじめて女の情愛を知った。しかし首席中村三郎先生は、女から慕うてくるような愛は夢のようなもので、すぐさめると再三注意してくれた。

長い間、冬枯れのような道ばかり歩いて来た人間にとって、その氷がとけはじめると、グングン若芽がのびるように心は女の方へかたむいていった。私はただ美しい夢を心に描いていた。ひたぶるに艱難とたたかい、一途に今日にいたった馬車馬の、仰げば春光うららかなものが周囲をつつんでいるのを見ると、もう馬車馬の心は去った。

一方、身体はしだいによわった。

二四歳　昭和五年

昭和五年一月一日を徳島の松本先生の家で迎えた。一月二日、徳島をたって琴平、高松を経て大阪へかえった。四日、発熱、四〇度を超えた。それより、九日まで起きていたが、ついに及ばず臥床。

医師を招けば肋膜炎とのことであり、ここに、重田をよび、神戸の叔父をよんだ。故郷からは父母が来た。危篤を伝えられた由であるが、私の気はしっかりしていた。

一月下旬にいたって甚だ快方に向ったが、高熱のために心臓をいためており、毎夜の訪問者との談笑がたたって、再び危篤におちいった。

残して悪いようなものはいっさい看護婦にやかせ、しずかに死を待った。

しかし天、命を我にかし、再び快方に向った。

三月、離床。

四月より学校へつとめる考えであったが、校長の反対にあい休職にきめ、帰国の途についた。

大阪で吉川博士に診断を請うた時、肺尖もやられているとのことであったので……。

父と母にまもられての旅路はたのしかった。かくのごとき喜びはついに生涯持つことはできまい。

五月、発熱して再び横臥、今度は明らかに肺尖カタルで、血痰もあり、それより秋一〇月まで半年間を身じろぎをもせぬほどに臥しつづけた。

六月、豊よりのたよりがないので、修斎校につとめている田中にきいてやると、豊は「あの人のことなど思ったこともない、あの人が勝手に言ってきたのだ」と言った由。女の心を本当に知った。

怒る前に自分自身をあわれんだ。こんな病人を本当に同情する人間が何人あろうぞ……。

私を是非とももう一度修斎へかえっていただきたいと言っていた同校校長さえが、それきり手紙一通くれなくなったではないか。

勤めていた田尻校の校長も、病人は早くやめていただきたいという態度を見せた。いい教員だと言って、他人の前では自慢してまでくれたのだったが。それまで、ひそかに人を通じて私を招こうとしていた幾人かの校長もあった。それらが一様に黙ってしまったではないか。

私は考えてみれば一個の道具だったのだ。そうして役にたたなくなった私をまで、ひろって下さるのが親だ。――このみすぼらしい死に瀕した人間をも、親なればこそ大切に見守って下さるのだ。私はしみじみ親の愛を感ずるとともに、去り行く人は追うまいと思った。しらじらしい嘘をついて去って行く女よ。お前は私を慕うたのではない、私の英雄的虚飾を慕うていたのだ。お前の夢想の中にあったある種の男性に、たまたま私が似ていたのだ。病んで、それを失った私に、何らの未練を感じなくなったとしても、それは私の罪ではない。結局、お前の夢の一つを消したに過ぎなかったであろう。

私はこのために再び女性を恋うまじと、ひそかに誓った。この心の苦闘は二九歳の今日まで続いている。

病中、再び和歌を作りはじめた。そうして気分がよければ毎日一〇〇頁くらい読書した。それ以上すると発熱し、かつ鼻血が出た。

ファブルの『昆虫記』は、有松君にいわれて頭の中にあったもの、これを求めて帰郷していたので、心すわるるごとくよんだ、九十幾年の生涯を烈日の下に、またミストラル吹く野に昆虫を雑草を見つづけて、その中に人生の詩を見出したファブルの熱情に、私のしぼみにしぼんだ熱情が再びもえはじめた。

神経はほそり鋭く冴えてきた。

書物はまさに私の魂に快い刺戟を与えた。『長塚節全集』、『子規全集』、『万葉集』、『古事記』、芭蕉の諸著、それらはいずれも私の心をゆたかにした。

古文学も一通りはわたって見た。

病後、起きられるようになって、神宮寺へ毎日出かけた。そうして書庫の整理をはじめた。五〇〇〇巻の仏書の整理は一カ月半を要したが、教えられるところ甚だ大であり、世にかくれたるいくつかの書を知った。それらの本の中には、すでにこの寺に久しく秘蔵せられているものもあった。それが機縁で、この寺にかつて居を籍りていた岡本九郎先生の蔵書を、寺の文庫に寄付してもらうことになった。

郷党のために清貧に甘んじて教導された若き学者の熱情が、この写本の中などに見られて、心とみにしまるを覚えた。

寺の住職に委嘱されて、その令嬢みどりさんに古代文学を講義することにした。みどりさんは女学校を出て家におり、国語の大検を受けたいと言って『講義録』などとっていた。最初に『万葉集』の講義をした。『古義略解』、『新講』などを参考した。

二五歳　昭和六年

春も未だ芽ぐみかねたころ、みどりさんの結婚問題がもち上った。相手は石村清君であった。石村は私と同年、私とは再従兄弟で、少年の日より弱く、父は呉で御用商人をしていたが、小学時代は私たちの学校へ通った。身体の弱いのと、気がよわかったのでよくいじめられたが、そうした日、この友の味方になってあげ、親しい仲だった思い出もあるので、私もすすめた。仲媒《なこうど》には私の父がなった。

そのころ、月一回ずつある青年会月例会へ話をしに行くのを事とした。

みどりさんが嫁いでから暇になったので、『大島郡誌』を書くことを計画し、史論篇、地理篇、民俗篇にわかち、史論篇に筆を下した。このために多くの史書をよむを得た。『日本時代史』、『通俗日本史』、『倒叙日本史』などのぼう大なものから、『防長回天史』などにも及び、大約一三〇冊に目を通し、ここに史眼を養い得た。しかして日本史学の根本的な誤謬を知った。すなわち庶民の歴史の抹殺されていることがこれである。さらに文献のみによることの危険、および文献の確実性などについて多くの疑点を持ち、唯物弁証法的態度の芽生えをそこに見た。

一方また、多くのプロレタリア作品をよんだ。

弟が高工を卒業し、ダヴァオへ渡航した。彼はどうしても内地で勤めることを欲しなかった。彼は放浪性の強いロマンチストであった。アポの山の美しい姿と椰子の葉のざわめきを心に描いて出かけて行った。

秋、『大島郡史論』がなった。一方、島の昔話を三〇ばかり柳田国男先生へ書き送ったのが因になって、この先生の知己を得、民俗学に興味を抱くようになった。そうして島の民俗記事を『旅と伝説』、『郷土研究』などに投じはじめた。

一二月、柳居みどりの弟、宏俊君が、中学へ受験したきにつき準備してくれよとの依頼を受け、始めた。しかしこれは万葉の講義のようにはいかず、責任があるので、日々痩せ、一四貫を超えていた体重がたちまち一三貫二〇〇にまで減じた。しかし力いっぱいにやった。

二六歳　昭和七年

このころ、大阪市東淀川区の吉田君と和歌の通信を盛んにやっていた。

吉田君は専攻科時代の同期生で、やはり肺を病んでねていた。作家志望も、高師受験もすっかり捨てて、ひたすらにすみゆく心をまもった。心はまるでかげろうのようにまでなっていった。

三月初、呉中学の試験があるので、宏俊とともに呉に赴き、石村宅におちついた。石村氏は呉一流の実業家であった。貧になれ、貧を愛し、簡素を尊ぶようになった心にこのブルジョアの生活は、煩瑣でこそあれ、味なきものでこそあれ、けっして喜びとするものでなく、わずか五日の滞在が心をくらいものにした。そうして、そういう生活をあこがるる人の心を思うてみた。私にはやはりものしずかなものを愛したい心がつよかった。

たまたま故郷から父が来、米井先生の電報をもたらした。上阪して勤めてみぬかとのことである。

私は呉から上阪した。父は母が案じるから大阪へついたらすぐ電報うてと言ってくれた。何から何まで気のつく父であった。

上阪してみて第一に感じたことは、大阪の埃っぽいことであった。第二は、天空はるかなる所まであふれた響音の中に、人々が疲れた顔をして黙々として働いている町という感であった。

私は一時も早くその中からのがれたかった。そうしてこれがかつて私の苦しいたたかいをした街であるのかと思った。

米井先生を府庁にとうと、泉北の山間部のものしずかな学校に欠員があるが行ってみぬかとのことであった。先生の言葉のまま赴任することにした。

金子先生、重田、宮本守雄の諸兄と千寿堂にあい、その夜、宮本宅に一泊した。極度に感じやすくなった心は、友の親切な情にさえもすぐ涙がこぼれた。

三月九日、赴任したのが泉北郡北地田小学校であった。

校長奥村氏は酒がよくいけて、その上、猥談の大家であった。私は生まれてはじめてかかる醜悪なる半面に接した。彼らにとっては女教員も一個性欲の対象としてのみうけとられたのである。私は酒のかんをさせられながら、それらの話をきき、一時も早く宿直室を出たいと願った。

四月、校長は転任した。

六月、明王院に宿を借りた。しずかなはなれの二階での生活がはじまった。丁重に遇せられて心は再び和やかになった。

六月、丹壺の会が大丸であったので出かけた。加村収三、山本稔、三木多喜治、岩田勝次、奥野、吉田、金子、重田の諸氏と会した。

『丹壺』は、私の病前計画されたものであったが、私の病気のため頓挫していたのを、重田によって発行され、年四回を二カ年間つづけてきた文芸雑誌であった。しかして六月のこの会合を最後に幕を閉じることになった。


このころから実によく歩きまわった。ことに信太山は、二カ年間ほとんど三日に一度は歩いたものである。池田谷の村々もまた歩きつくした。

さらにまた、久しい以前（病前）からの念願であった古仏巡礼をはじめた。そうして、いくつかの知られざる古仏を忘れられたる廃堂の中から発見したこともあった。

神護寺、高山寺、広隆寺、天竜寺、東大寺、法華寺、法隆寺、秋篠寺、新薬師寺、薬師寺、唐招提寺、興福寺、不退寺、般若寺、十輪院、室生寺、大野寺、当麻寺、観心寺、釘無堂、
園城寺、石山寺
などが、その後二年間に訪れた寺である。

かたわら、柳田先生の諸著をよんだ。そうして民俗学徒として立つ決心がついた。二六年の生涯はここに到ってはじめて方向を定め、長い思想放浪と諸書乱読の整理せらるる日がきた。

私はひたすらに信太山の美しい自然によって自らの心をきよめた。

檜垣は、私の病中、中河内玉川校を去り左翼運動に投じ、爾来長く失業し、人々の間をわたり歩いて食うていた。そうしてこの友もしだいにその情熱の華々しさをひそめて、現実を見つめてきつつあるようになった。

多くの友はこのころから結婚をはじめた。

二七歳　昭和八年

昭和八年一月、父が発病した。私の病のために甚だしい心労、老いての労働の激しさがたたったのである。

春休み故郷にかえった私はそこにやせこけた父を見た。

春雨のわびしい日であった。――父のことはこれ以上はとうてい書けぬ。ただ父の姿を思うだけで泣けてくる。

よき父、よき父、私にはかけがえのない父。私はもう教師をやめて父のそばにかしずこうとした。

教師は、泉南の先生たちの素朴なのに比して、泉北の先生のいずれも悪ずれのしているのには堪えられなかった。私は故里の人になろうと決心した。そうして父の小康を見て、上阪し、荷をしもうて引き揚げようとした。

これに対して第一に反対だったのは森先生だった。先生は職をすててかえって父の病にかしずいたとて、父はけっして喜びはしないだろうと言った。そうして、先生は実父を失われた当時のことを話された。

金子先生もその意見だった。

やむなく私は大阪にとどまった。父はその間に快方に向った。

八月、帰省してやや元気な父を見た。二日から久賀に講習があって出かけた。その留守に突然、父は急性尿毒症を起こして意識不明におち入った。私は小松の日の丸旅館から急ぎ自動車をとばしてかえった。一時やや快方に向うように見えたが、一〇日夜、俄然病革って、一一日午前四時、永眠した。外はさえたる月夜であった。森でみみずくがさびしくないていた。

父の生涯は実に労苦そのものであった。若くしては家のために、老いては子のために――。しかもそのすぐれたる才能は、人々から認められつつも直情径行のために容れられなかった。

個々の人は常に父ならではと恃《たの》みつつ、世はついに抹殺をあえてしようとしたのであった。だがしかし、父の願いであった部落の蜜柑産額一万円突破の日もきた。強力なる農村実行組合の結成も私のささやかな努力により、村人を動かし得てできてきた。生涯を公にささげ、家にささげ、ついに私心のなかった父は、今、安らかに瞑しているであろう。そうしてこの父の当におどろくべきことは、その生活に全然表裏のなかったことである。

九月二一日、大阪をたって加越の海岸を歩いた。芭蕉の心を味わうために。

四月、私は二人の女性を知った。一人は泉加壽子、一人は山田こと。泉さんは京都の女専出身、山田さんは大阪女専の英文科出身であった。

私の学校に赴任し、私は教務主任としてこの二人を指導することになった。しかし泉さんは七月、大阪中津第三校へ転じ、山田さんは村人との妙な噂をたてられ憤慨して、九月やめて大阪へかえった。

私は山田さんからその生いたちのあまりに不遇なりしをきかされて、いたく同情し、何とぞして、その兄弟、実母を探しあてたいと念願した。この同情を変な眼で見られたりした。

山田さん、藤原忠夫君らに『万葉集』の講義をした。これ我が万葉講義の二回目である。

一二月、九州路の旅をして太宰府、観世音寺、箱崎、香椎、宗像、宮地嶽、亀山宮、野田、豊栄、松崎の諸社寺に詣でてかえった。この旅でうれしかったことは、観世音寺の仏像の拝めたこと、長塚節の噂のきかれたこと、山口に御薗生翁甫先生を訪うたことであった。

二八歳　昭和九年

三月、首席訓導とあわず、ついに辞表を提出した。この時、第一番に奔走してくれたのは、もと北地田にいた鈴木東一君であった。小学教師の腰ぬけぶりもこの時拝見することができた。そうして私は、ますます学問のために全力をあげ力強き生命の更生を志した。

四月、養徳校に転任。

檜垣月見兄が昨年九月から日刊工業に勤めるようになったのは、またとなくうれしいことであり、その宿をとうて、よく一緒にねた。二人はあまりに近い心であることにいまさらおどろき合うた。他から見れば全然性格の相反すると見えた二人は、実は、そうではなかった。こうしてしみじみお互いの心を語り合う日を持ち得たのは君を知って以来八年、今初めてで、それほどお互いはあわただしく生きていたのである。

八月、隠岐への旅をし中国山脈を横切って備後山中、十日市に一泊し、そこで山田さんの実母および実弟にめぐりあうた。そうして大阪の様子をつたえ、近き日、必ず兄弟の相あう日をつくるべく約束して別れた。

九月二一日、大暴風雨にあい学校倒壊。

二三日、山田さんの実弟棄子夫氏上阪、東京より実兄藤堂高宣来阪、その他大軌沿線の石切に居たる姉を加えて、同胞四人、ついに相逢う。

私の山田さんに誓うた日はついに果された。これよりしだいに山田さんとは疎くなる。

九月、織戸君らと木曜会を起す。民俗学を研究せんとするグループである。山口康雄、杉浦瓢、鈴木東一参加す。昨年九月私の手によって出した『口承文学』をその会の機関誌にすることにきめる。

一〇月二八日、京都下鴨なる石田旅館に柳田国男先生をとう。先生より大阪民俗学会を起すべきことを嘱される。

一一月一四日、浜寺海の家に民俗談話会をひらく。集まるもの沢田四郎作博士、桜田勝徳、岩倉市郎、南要、小谷方明、杉浦瓢、鈴木東一および私の八名であった。これより月一回ずつ例会を開き歓談することになった。［一四日と書かれているが、正しくは一一日］

私はその書記役に選ばれた。桜田氏を知ったことは私にこの学問の方法を知らしめた。多くの学徒を加えきたってようやく重大なる責任を感ずるに至る。現在すでに第六回をおえ臨時会を加うれば第八回に至っている。

東京に対抗して当《まさ》になすあらんとす。

二九歳　昭和一〇年

ようやく多忙となる。目下関係する会は、民俗談話会、堺木曜会、国語土曜会、斯道会の五《ママ》。いずれも発起人として世話役たり。このことのために読書力にぶる。警戒を要することの一。二七歳父を失ってより、檜垣、重田の二兄、しきりに結婚をすすめるも気すすまず、一つには最初の恋愛に裏切られたるために、甚だ警戒し、恋愛のことにはかたく眼をつぶれるによる。

一つには貧しきため。

二月一一日、養徳校廃校、取石校につとめる。

三月末、帆船に乗じて瀬戸内海を九州に下る。船員生活に甚だ心をひかれる。

四月六日、山口棄子夫上京せんとしてたちよる。いよいよ東京へ出て兄の許にいることにするという。四散せる一家の相集っていくのは好ましい。それにつけても、私も故里においた母を連れてきたくなった。

重田より結婚の話もちきたる。今日までしばしば裏切ったので今度だけは言うなりにする。しかしすぐ尻ごみの心が出てくる。

四月一九日、大阪に出て重田にあう。柿木氏、女の人［玉田アサ子］に会う。

私もようやく長い精神放浪をすてて、どっしりとおちついてみたくなった。それにしても名古屋にいる檜垣は未だめとっていない。彼には侘びしい恋愛事件があった。時折手紙をくれて、その苦悶を訴えてきていた。あの相手の女はどうしたか、もう手紙も来なくなった。あの女もまた肺を病んでいるとか。……苦しい日が続いているのであろう。名古屋で沈黙をまもっている友も気の毒だ。どこへおちつこうというのか。あの友こそおちついていただきたい。森本重太郎はいま大和で病んでいる。大空君も故郷で死んだ。吉田も逝った。親しかった友の幾人かがたたかいにやぶれて退いた。私の周囲にはすでにだまりっこくなっていった友も多い。檜垣さえがだまってきた。齢三〇といえば、すでにそういう境なのであろうか。あるいは皆疲れたのであろうか。

ひとり私は新たなる道へ生命をかきたてはじめている。腰をおちつけてかかろう。

貧しき者のために、弱き者のために、私は私の歩いてきた道を反古《ほご》にしてはならない。

私の周囲をめぐって病み、つかれ、倒れていった友よ、私はおんみらのたましいを抱いて行こう。

一九三五・四・三〇、夜半

妻たる人に

母は「からだの丈夫な、私のような無知な女でも馬鹿にしない女の人なら誰でもいい」と申していいます。私はそれに「私のような貧しいものに嫁いで下さる人」を付け加えます。そしてまた私は今まで大変弱かったのです。

こういう人間を拾っていって下さる人だったら、私はその人と共同生活をしてみたいのでありますす。私は、人の親の深い愛の結晶とも申すべき子に、私の不幸を強いる権利はないのでありますます。されば、たとえば妻になって進んぜようという女性があらわれても、それほどの美しい心の人なら、私の所よりも、もっと幸福な立派な人があるにちがいない。私の所なんかへ来て苦労させてはすまぬと、今まで謝絶してきたのでありました。しかし、そういうことを言っていたのではいつまでたっても妻を迎えることはできません。

で、いよいよ決心したのであります。

家には百姓をしている母と、母の母と、小学校の先生をしている姉があります。母の母は、母の里である升田家の人々が養うべきですが、祖母は母がよくて母をはなしません。姉は私の病気および父の病気のために、一家の犠牲になって婚期を遅らせてしまったのです。しかもこの姉が父に代って一家を支配し、私の結婚についても一番心配してくれています。誰よりも深い私の理解者で、私はこの姉が嫁いでから結婚しようと思ったが、姉の言葉に従って、先に妻を迎える気になりました。

私の家の財産は家の不幸のためにほとんどなくなりました。

そうして、何ぴとにもこれといって誇るものはありませんが、ただ一つ、祖先伝来の「無我奉仕」「同情」「正義」といったような心を持っていること。これはいささか誇っていいかと思っています。

私の家に来て下さるためには、つつみかくしのないところ、こんな悪い条件の石ころ道を歩いておいでにならなければなりません。

だから私自身としてはどうしても強いることができなかったし、またこれをかくす気にもなれないのであります。

私の郵便局時代

なつかしい人びと

もう古い話である。大正一三年の四月であった。大阪逓信講習所を出て、大阪高麗橋郵便局へ赴任した。雇員ということで、日給一円であった。卒業するとき、担任の先生から「おまえは電信技術が下手だから、電報取り扱いの少ない局へゆくようにしておいた。電報の来ないときは本を読む時間もある。できるだけ暇を見つけて勉強するように」といわれた。

局は高麗橋を東へわたったところにあった。高麗橋をすこし西へゆけば三越呉服店があり、そのあたりから北を北浜といい、大阪の商業の中心地区だった。

高麗橋郵便局は、もとはその地区を配達局に持つ大阪の中央局としてスタートしたといわれ、明治初期に建てられた古い赤煉瓦の二階造りであったが、中之島に中央局ができ、二等局に格下げになって配達区域もずっと狭められていた。郵便と電信を取りあつかっており、電信室は二階であった。電報は発信・受信あわせて一日一千に達することはなかったから、そんなに忙しくはなかった。

電信係の局員は河内の農家出身者が多く、素朴な人たちであった。主事は二人いて、一人は尼ケ崎の人、一人は滋賀県鈴鹿峠西麓の人で、後に村の助役として帰っていった。多分、村長にもなったと思う。実に誠実な人柄で、一緒に宿直した翌朝はこの主事につれられてよくその家へいった。

京阪電車の守口の一つ手前の駅でおりて、五分も歩けばゆけた。田圃を埋め立てて、建てた長屋造りの借家の一つで、若い奥さんと二人で住んでおり、子供はなかったが、兄妹のように夫婦仲がよく、居心地がよいのでつい夕方まで遊んで帰ることがあった。遊ぶといっても家の中にだけいるのではなく、淀川の堤防まで歩くことが多かった。堤防は高くずっと東北につづいており、川原は葦が茂り、その中をゆったりと川がながれていた。そして時おり川蒸汽が川を上下していた。川上の伏見までの間を往復しているのだという。堤防の上から河内平野が見わたされ、その向こうに生駒の山なみが連なっていた。その堤防の草の上で長い間すわりこんで話した。

この主事や講習所の担任だった先生から、できるだけ勉強に精出して別に世界へ出てゆくようにすすめられ、大正一五年には天王寺師範の二部に入学することになったのである。担任の先生も司法官試補として大阪地方裁判所へ、主事はそれから一年ほどして郷里へかえっていった。みななつかしい人びとである。

露路奥の人生

私は大正一三年から一五年の初めまで大阪の高麗橋という郵便局へつとめたことがある。後の大阪東郵便局になるのだが、煉瓦造りの二等局で、もし今日まで残っていたら、重要文化財に指定されているだろう。大阪での煉瓦造りではもっとも古いものの一つであった。そしてその局舎は、市内の淀川にかかった天神橋南詰から松屋町筋をすこし南に行って、高麗橋の通りを西に入ったところにあった。

大阪では南北に通ずる道を筋といったが、松屋町筋は大阪ではもっとも長い筋であった。天神橋を北へわたると、この筋は天神橋筋といい、新淀川にかかった長柄橋まで続いており、南へわたると松屋町筋といって天王寺公園の北口まで続いていたのである。

高麗橋局の配達区域は北は淀川まで、西は東横堀川まで、南は南本町まで、東は府庁や師団司令部連隊までで、郵便も電報も取り扱っていた。私はその局で電信係になった。電信室は二階で、その窓から三越呉服店と白木屋がよく見えた。ともに八階建てでこの二つの建物は群をぬいて高かった。そしてそれは大阪でのメインストリートである堺筋に面して建てられていた。

昼間は電報の発受でいそがしかったのだが、夜一〇時をすぎるとひっそりする。そんなとき電報が来ると、受けたのをもって配達の溜へゆく。昼間は監督さんがいて、住民簿で配達すべき町をしらべて配達員に渡す。配達員はそれを持って出かけていく。電報の多いときは、何通も持って出かける。しかし、夜間は電信係のものが住民簿をしらべて、配達員に電報をわたすことになっている。大阪は街路にすべて名前がついているので、何丁目何番地とあるのを「マツ、ホネ、ヒ、ミ」などと指示するのである。「松屋町筋骨屋町東入南側」というわけで露路奥ならば、ミの次に口をつけ加えておく。それで配達員は間違いなくそこへ届けることができる。

私は夜勤のときよく住民簿しらべをして、いったいそこにどんな人が住んでいるのだろうかと想像してみた。そしてあるとき配達員にその話をしたら「宮本さんもそうですか、私もそうですよ。私が配達員になったのは大衆の人生を知りたいためですよ」といった。私と同年輩の人であった。彼は小説家になるのだといっていた。話がよくあうようになり、彼にいろいろのことを教えられた。彼によると、面白いのは表通りに住んでいる人たちではなくて、露路奥に住んでいる人たちであった。

夏の夕方、ある露路奥へ電報配達にいったら、若い娘が行水をしていた。「すごい美人でね、いっぺんにほれてしまった。困ってね」とその若者は話してくれた。その娘を見にゆかないかと、さそわれて露路奥へいったことがあったが、娘の姿は見られなかった。しばらくして若者はその娘と口をきくようになった。とてもいい娘だという。そして、おばアさんと二人で住んでいるのだとのことであった。

この若者に連れられて、時折、方々の露路奥をあるいてみた。そこには地蔵様のまつられているものもあって、七月の盆の地蔵様の日には、子供たちがそのせまい露路で盆踊りをするというので、若者と二人で見にいったことがあった。また町角に地蔵様か観音様のお堂のあるような町では縁日があって夜店がでるので、その夜店をあるくことが多かった。彼といっしょに歩いているると実にたのしかった。彼は町の中にあるいろいろの人生を目のあたりに見て町民の生活に強い愛着をおぼえていた。私が郵便局をやめる少し前に「露路奥の人生」という小説をかきはじめていて、その一部を見せてもらった。それは自分の恋愛を中心にして描いたほのぼのとしたものであった。

私が郵便局をやめてしばらくして高麗橋の局をたずねたとき、その若者もやめていた。それからどうなったのであろうか、美しい娘と結婚したのか。作家になったのかどうか、彼の名を新聞や雑誌で見かけたことはない。しかし、心ゆたかな明るい若者の記憶はきえない。

師範学校時代

私が大阪府天王寺師範学校第二部に入学したのは大正一五年四月で、もうずいぶん昔のことである。私はそれまで大阪市内の高麗橋郵便局へ勤めていたが、貯金も少しできたし、あまり金がかからなくてすむような学校なら一年くらいは通学できると思って二部を選んだのだが、幸いにして合格できた。そして寄宿舎に入って生活することになった。

寄宿舎は一室に四人ずつはいっており、私は二階の東から三つ目の部屋に仲間と四人ではいった。寄宿舎は木造二階建てで、軍隊の兵舎によく似ており、室内の設備は簡素で、押入れも戸棚もなく、一方の壁面に棚があって、その上に持物を整理して積み重ね、その下に木造のベッドが四つならべてある。

机は二つずつ向かいあって置かれていて、本は机の前の本立に立てかけた。夜の自習時間にはその前にすわって勉強したが、その他の時間、机の前にすわっている人はほとんどなかった。全く単調な生活であったが、舎監が何回かまわって来て部屋を取り乱していると必ず文句を言うので、みなきわめてつつましくしていた。しかし舎監の目をしのんで、それぞれ適当に楽しむことは心得ていたようである。二部というのは中学校を出てから一年間在学するもので、上級生も下級生もいないから、何となくのびのびとしたところがあった。

私たちにとって自由なのは放課後から夕食までで、その間は外出もできる。スポーツ好きの連中は運動場でいろいろの運動をしたり、体育館で柔道や剣道に励んでいる者もあったが、それは在寮生の三分の一くらいであろうか、あとは何とはなしに町へ出ていって遊んできていたようである。

寮生活が続いているといつの間にか親しい友もできてくる。私のように世間もせまく田舎生まれでたいした読書もしていない者にとっては、何もかもわからぬことだらけであったが、学校では毎日図書館へゆくといろいろの書物があるので、まずそれを読んでみようと、放課後から自習時間まで図書館へかよい、主として国文学関係の書物を読んだ。まず古いものから読んでみようと思って、『古事記』から始めて『日本書紀』『風土記』『万葉集』『古今集』『伊勢物語』『土佐日記』というふうに読んでいったが、一方、水谷不倒編の『近松傑作全集』を読んだ。さらにまた明治の文学者のものもできるだけ読んだ。

図書室で本を読んでいると、もうひとり強度の近眼鏡をかけてよく本を読んでいる学生がいて、彼は読んだものの書きぬきなどしていた。いつの間にか彼と話しあうようになった。彼は檜垣月見といって、広島県海田市の人であった。直観力のするどい、詩人肌の男で、思想的にも新しいものを持っており、クロポトキンや大杉栄について教えてくれたのは彼であった。クロポトキンについてはそれまでに『相互扶助論』を読んでいたが、その『自叙伝』について教えてくれたのも檜垣であった。プーシュキンとかエセーニンなどの名を教えてくれたのも彼であった。どうしてこういう男が師範学校の二部へはいったのか、ついに聞いたこともなかったが、私の目から見れば、小学校の先生の勤まるような性格ではなかった。しかも二人はよく論争し、時には絶交を宣言するのだが二日目には仲直りしていた。

私自身は朴念仁のような男で、融通もきかず、意気地なしで、世間のこともたいして知らぬ。いわゆる思想などというものは持っていなかったが、その田舎くささ、泥くささが面白かったのか、若い国語の先生に愛され、先生の論文の清書などもよくさせられたし、また江戸時代の軟文学を読むこともすすめられた。近松を読むようになったのもそのためであったし、西洋映画を見にいったり、文楽を見にいったり、一人の若者の蒙をひらくためにずいぶん骨を折って下さった。春画を見せてくれたのもこの先生であり、檜垣と喧嘩したことを先生に話すと、「もう少し曲がりくねって歩くことを練習するように」と言われた。

私はそのころから年寄りの話を聞くのが好きであったので、消灯後よく寮の小使い室へ話を聞きにいったが、ついでに外を歩いて来ることもあった。消灯後、学生たちはよく高い塀を乗り越えて外へ遊びにいったものである。そして時に警察につかまる者もあった。しかし私の場合は小使いさんが外出を黙認しているので、檜垣をさそい出して夜一二時ごろまで遊び歩くことがあった。練塀を越えると一種のおののきの気持もできるのだろうが、小使いさんが黙認してくれているると、そういう意識もほとんどない。ある夜、正門の門衛の所へいって「映画を見て来たいのだが」と言ったら「いいよ」とゆるしてくれた。そのことがあって門衛の所へもよく話にいくようになった。そうなると、私にとっては門限などないのも同様であったが、外へ出るときはたいてい檜垣といっしょであった。

本当はもっと恋愛だの女だのについて論ずべきであったのだろうが、貧しくて臆病で野暮ったい男に女が目を向けるものではないと思っていたので、小説の中の恋愛には興をもって読んだが、どうも遠い世界のように思えてならなかった。だから檜垣との話もそういうようなことにふれることはほとんどなかった。

ただ、檜垣には有島武郎の著作を読むことをすすめられた。有島の作品は小学校にいるころに小学校の先生からすすめられて、『生れ出ずる悩み』や『カインの末裔』『小さき者へ』など読んだことがあったが、有島が愛人と心中してからこだわるものがあって読まなくなっていた。そのことを言うと、「ほれた女と心中するような男でなけりゃ駄目だよ」と言って『或る女』をすすめてくれた。近松の心中物は実に美しい絵であった。しかしそれほど昔のことでない心中事件になると、何となく生臭い気がしたのである。檜垣は有島を高く評価していたが、厨川白村の『近代の恋愛観』はまやかしものだと言った。私は彼にそういうようなことを言われるたびにその本を読んだ。そして本の読み方について考えた。とにかく本を読んで筋がわかるだけでなく、内容の持つ意味が汲みとれるようにならねばいけないと思ったから、檜垣と論争しながらも、「俺の方がまちがっているのだろう」と思って自分の考え方を反省した。私は師範学校へはいるまでは島崎藤村の作品をよく読んだ。『春』を読んだのがはじめてであった。文章に詠嘆があるのが好きだった。しかし檜垣に「藤村の作品はごまかしだよ、自己韜晦《とうかい》をしている」と言われてずいぶん考えさせられた。また「『新生』なんかひどいものだよ」と。私はその『新生』を感動して読んだものであった。

九月になって二部に学んだだけでは何にもわからぬように思えて、高等師範へいってみようと考えたが、英語が不得手であった。そのことを国語の先生に話すと、「それでは私が教えてあげよう」と言って下さる。そして先生の授業のある日の昼食後、寮の軒下のクローバーのしげった上でテキストを使って読むことになった。そのテキストがマックス・スチルネルの『唯一者とその所有』であった。原文はドイツ文であったが、それを英訳したものがあった。それを読むのに本当に骨が折れた。英語のむずかしさよりも、中に含まれている思想のむずかしさにまいってしまったのであった。そして、三分の一ほど読んだところで冬が来た。字引をひきながら直訳し、それをわれわれの使うような言葉になおして意味を汲みとることは容易な業ではなかった。同時に、そういう勉強では高等師範などに絶対にかかることはない。しかし、私はさめたものの見方について教えられたのであった。無論、入学試験には失敗し、また高師へゆく希望もすてた。

学校での一年は短かったけれども、実に楽しかった。四苦八苦しながら少しはものの見方や考え方がわかってきた。卒業の前に国語の先生から家へ遊びに来るようにと言われた。ちょうど級長が病気で休んでいるので、その見舞いにいったついでに先生の家へ寄ることにして檜垣と出かけていった。級長の家は大阪平野の淀川の北にある村にあった。そこへ寄って日暮れまで話して、先生の家へいった。先生の家は吹田市の町の真中にある大きな草葺きの家であった。

このあたりの大地主なのである。先生は卒業祝いだと言って御馳走を作って待っていて下さった。そして今日はビールを飲めということになって、酒など飲んだことのない者がビールを飲まされたのである。

「君は貧乏な中で生活して苦しかっただろうけれど、貧乏苦など知れたものだ。人生について悩む方がもっと苦しい。とくに女にほれたり、失恋したり、そういう経験をすることが何より大切だ。そのうち自分自身のことばかりでなく、自分の周囲のことについても考えるようになる。檜垣はすでにそうした火の粉をかぶりつつある。君もかぶれ。そして自分のまわりにどんなに多くの悩みを持ちつつ生きている人があるかを知ることだ」と先生は言った。無論そういうことについてはおぼろげながらわかりつつあった。

さて酔うほどに、男と女のいとなみはよく知っておくものだといってたくさんの秘戯画を出して見せて下さった。「これには詩があって美しいが、現実はこんなに美しいものではないよ、むしろ切ないものだよ」と先生は言った。

その夜学校へ帰ったのは一〇時を過ぎていた。無断で門限におくれたのだから、ただごとではすまぬだろうと思って校門をくぐると、門衛の小父さんが「心配しなくていいよ、病気の級長を見舞いにいったからおそくなるだろうと舎監に言っておいた」と言った。そして小父さんの指示で舎監室へいった。舎監は股座《またぐら》火鉢をしていたが、「いよいよ卒業だな」と言って笑った。

自伝抄

――二ノ橋界隈――

二ノ橋付近

私が三田綱町の渋沢邸の中にあったアチック・ミューゼアムの二階で生活するようになったのは昭和一四年の秋であったが、邸のすぐ下をながれている古川は、もうかなりにごっていた。それでも青い藻が流れにゆれているのが見られた。そのころ綱町界隈は静かなところで、自動車はほとんど通らなかったし、どの邸にもみな木が植えられていて、緑の町であった。渋沢邸はとくに木がよく茂っていたから、いろいろの鳥がやって来たし、春になると椎の木や銀杏の木に鴉が巣をかけて、その子がかえると、ガアガアとやかましかったものである。夏になると蟬が鳴き、秋になると欅や銀杏の葉が色づき、銀杏の実が地面を埋めるほど落ちた。つまり、町の中にも四季があった。

二ノ橋のたもとに榎が一本いまもある。今は根もとが、杉本邸の垣の中へ半分取りこまれているが、これも高速道路ができるので、伐りとられてしまうらしい。昔はその下に乞食が一人すわっていて、道ゆく人から物をもらっていたという。乞食はいなくなっても榎だけはのこっていると思ったが、それも姿を消すことになった。

戦争があって町が一面に焼野原になってくると、古川の水がすんできた。そして藻がまたしげりはじめた。ある日、魚がたくさんおよいでいるのを見かけたので、敬三先生にはなすと、わざわざ橋の上までやって来て「イナ（ボラの子）らしいね」と長い間見ておられた。川の両岸はコンクリートや石垣になっているのだが、その下に小さい洲ができて、タンポポの花か何かがさいていた。その川へモーターボートがのぼって来た。それがまた風情をそえた。

それから間もなく川がよごれはじめたのである。町が復興するにつれて。川がすんでいたころには若い男女が夜おそくまで橋の上ではなしあっていた。ところが川の水がよごれはじめて橋上の男女は消えた。そのかわり、近所の人が入れかわり立ちかわり、ゴミを捨てに来るようになった。一番おどろいたのは、古畳をかついで来て橋の上から投げおとしたりした。

戦争がすんでしばらくの間は、近所の子供が邸内を遊び場にして枇杷がなれば枇杷をぬすみ、蟬の鳴くころには大ぜいでとりに来、秋になると人目をしのびながら柿をとりに来、しまいには水槽の金魚をすくいあげて持っていった。子供たちにとっては一つの天国だったようで、叱ってみてもまたやって来た。しかしいつの間にかあまり蟬が鳴かなくなったし、庭の欅の幹に蟬のぬけがらを見かけなくなって、いっぽう二ノ橋の通りは、自動車の往来がずっと激しくなってきた。

また、もと渋沢本邸で、戦後大蔵省へ物納した第一公邸では、毎日毎晩のように宴会が続き、高歌放吟がかまびすしかった。私がそのことを憤慨して「第一公邸ではなくて第一料亭だ」と話すと、先生は「公邸で宴会するのが一番安上りだからだよ」と笑われたが、それにしても役人はよく飲むものだと思ったことがあった。

昭和三八年一〇月、渋沢先生がなくなられてから間もなく、先生の住んでおられたところも大蔵省へ売られることになったが、それから一年ほどは、まだそこにわれわれはいた。アチック・ミューゼアム（日本常民文化研究所）は先生のもっとも愛され力をそそいだ研究所であり、多くの学者を生んだところであり、後には先生もそこに住まれたのだが、その記念すべき建物もこわされることになった。

こわれたあと、そこへいって私は長い間そこにうずくまって泣いた。雨がしきりにふっていた。やがて二ノ橋の上を高速道路が通る。文明とはいったい何なのだろう。人間として一番大切なものが失われてゆく姿ではないだろうかと思ってみたりする。

古川が流れる小さな橋

二ノ橋といっても読者にはなじみの薄い地名である。橋そのものもまた小さな平凡な橋である。だからまず橋のことから説明しておかねばならぬ。東京渋谷の谷から流れ出たささやかな古川という川が芝公園の南を流れて、金杉橋で海に入っている。この川に一ノ橋、二ノ橋、三ノ橋、四ノ橋など番号のついた橋がかかっている。古川という川の川口は東に向かって開いているが、一ノ橋のところで直角に曲がっており、そこから少し南へさかのぼったところにかかっている。そして東西に通ずる道を結んでいる。

橋から西へ行けば坂になる。その坂を仙台坂といっている。元仙台伊達家の屋敷があった。坂道の北側に善福寺という真宗の大きな寺があり、その境内の大イチョウが随分目立ったものであるが、近ごろはビルの間に埋没しようとしている。

橋を東へ渡ると、坂になっていて、右側に秀和レジデンス、第一公邸、オーストラリア大使館、三井クラブなどが並び、北にもマンションがあり、その先、寺が二、三軒あって、保険局、小学校、警察があって三田の広い通りに出る。保険局から先は下り坂になっている。

このあたりは江戸時代には大名の下屋敷が多かった。「江戸切絵図」を見ると、今の第一公邸は織田出羽守、オーストラリア大使館と三井クラブのところが、島津淡路守、保険局のところが有馬中務大輔というようになっていた。それが、明治維新以後ほとんど人手に渡ってしまった。そこを買って入ったものには海軍の軍人、特に将官級の人が多かった。これは明治初期に品川が軍港であったためで、織田家のあとへは仁礼《にれ》という海軍大将が住んだが、のちそこを渋沢家が買った。そして渋沢栄一の長子、篤二がそこに住むことになった。篤二の長子が敬三で、私の恩師である。そして私は昭和一四年一〇月二五日からその邸内に住むことになった。

しかし私が渋沢先生の知遇を得たのは、昭和一〇年の春であった。私はそのころ大阪府の和泉の農村で小学校の先生をしていたのだが、その前、肺結核にかかり、郷里でしばらく療養している間に、健康回復のため散歩をつづけていた。そして再度小学校へ復職してからも、その散歩がつづけられて、しかもその距離がだんだん長くなり、その上、野で働いている人たちとの立ち話が多くなっていった。歩くこともよかったが、農民たちから話を聞くのは、もっと楽しかった。ところが、そういう人間は私一人ではなく、周囲にたくさんいて、いつの間にかそういう人たちと集まって話しあう機会をもつようになった。特に柳田国男先生にすすめられて大阪民俗談話会をつくってからは、大阪府下の同好の人々と知り合うようになった。その中心になって世話して下さったのは、玉出というところに住んでいた沢田四郎作先生であった。小児科の先生で、早く学位をとられたが、研究室に残らず町医者になった。

大阪民俗談話会は沢田先生のお宅の二階を利用して開かれていたが、その会へ渋沢先生がみえて、先生の足半《あしなか》という藁草履《わらぞうり》の研究についての話をきいて、その方法のひどく科学的であることに心をひかれたのであるが、その後、渋沢先生からずっと連絡があるようになった。

渋沢先生のお宅を訪問

大阪民俗談話会へはいろいろの人が出席した。その人たちはみな大阪の町人学者の風格をもっていた。そうした中にやや毛色の変わった人が二人いた。一人は桜田勝徳、もう一人は岩倉市郎さんであった。桜田さんは慶応大学を出た人で在学中に柳田先生の指導をうけ、大学を出ると西日本の島々を実に丹念に歩きつづけ、そこに住む人たちから民俗の聞きとりを行なった。父君が福岡地方裁判所長だったから、福岡を生活の根拠にして歩いていたのである。ところが大阪地裁の所長に転任になり、桜田さんも大阪へ移り、大阪民俗談話会へ顔を出すようになったのである。

岩倉さんは鹿児島県喜界島の人で、少年時代を同県志布志中学に学んだが、そのころから健康に恵まれず、卒業をまたず郷里へ帰って静養をよぎなくされた。その後大阪へ出て懐徳堂に学んだ。懐徳堂は町人学者中井竹山のはじめたものであるが、明治になってその廃絶をおしむ人たちによって維持され、在野篤学の人々や、京都大学の先生たちがここで講義を担当していた異色の学校であった。私は二度ほどその講義を聞いたことがある。一度は三浦周行博士、もう一度は内藤湖南博士の講義であった。たまたま通りあわせて聞いたのである。

さて岩倉さんはその後東京へ出て、沖縄学者の伊波普猷の指導をうけ、方言や昔話の研究に全力をあげるようになるが、たまたま健康を害して夫人の郷里新潟で療養し、やや健康を回復してのち、生活のしやすい大阪で生活の資をうることになった。そして談話会へ顔を出すようになったのである。

ところがこの二人はそれからまもなく上京することになった。桜田さんは父君が仙台へ転任のため、岩倉さんはお嬢さんを不慮の事故でなくされたことが原因で。そして二人とも二ノ橋の渋沢邸内の、アチック・ミューゼアムに務めることになった。そして私もまたこの研究所に入ることになった。そのいきさつについてはたびたび書いたことがあるので、省略するが、世の中はしだいに暗い方に向かって進みはじめていた。

昭和一四年一〇月二五日も暗い夜であった。東京駅構内の灯もいつもよりは暗く、東京駅で山手線に乗り換えて、田町駅に下車したときも暗かった。防空演習が行なわれているとのことであった。慶応大学下の三田の通りはいつもなら明るくにぎやかなのだが、人通りもまばらであった。三田警察署のところから道をまがって坂をのぼって行くあたりには人影もほとんどなかった。

このあたりの大きい屋敷の多くは、煉屏《ねりべい》かコンクリート屏に囲まれていて、それが歩いているものの心を孤独にさそいこんで行くのだが、渋沢邸は板屏で門もおそくまであいていた。

門を入るとつき当たりが内玄関で、内玄関と玄関の間に書生部屋が二間あり、前面がガラス窓になっており、そこからは明るい電灯の光が流れ出ていた。内玄関で挨拶すると先生はまだ帰っていなかった。渋沢先生はそのころ第一銀行の常務取締役をしていた。

アチック・ミューゼアムは門を入った右側にあった。古い二階建てで、蔦《つた》が壁にからみついていて、通りがかりに外から見ると、古城のような趣があった。私はその建物の中で先生を待つことにした。そしてそこが私の生活の場になるはずでもあった。

渋沢家の屋根裏博物館

アチック・ミューゼアムとは屋根裏博物館のことである。渋沢家の二階へ、大正一〇年ごろ、当時まだ学生だった渋沢先生とその友人が、自分たちの蒐集した標本類を整理、陳列して、調査研究したことにはじまるもので、アチック日記に記された最初の会合には鈴木醇、宮本璋、清水正雄、田中薫、内山敏と渋沢先生らの名が見える。しかし仲間の数はもっと多かった。全く趣味的な、しかし科学的にものを見てゆこうとし、「チームワークとしての玩具研究」をうたって、そのはじめは玩具の蒐集、調査に力がそそがれ、そこからしだいに民具の研究へと転じていったのである。

それはまたそれなりの理由があった。一つは当時は玩具は比較的集めやすいもので、わずかの間にかなりの数が集まった。それらを見ていくことによって何らかの系統を発見し、伝播《でんぱ》形式のようなものがわかりゃしないかということであったが、必ずしも成功しなかった。

一方、どのようなささやかな集まりでもそれが一つの組織になり、永続していくと、人はおのずからその組織を軸にして動きはじめるものである。しかしそれにはその中心になる人が重要な役割をはたす。柳田先生はそういう人であり、折口信夫先生もまたそういう人であった。たえず問題をみつけそれを提起し人々の関心をよぶ。そして停滞するところがない。停滞させなかったのはそのすぐれた旅の仕方、見方、感じ方であったと思う。渋沢先生もまたそういう人であったと思うが、先生の場合は若干違っていた。すでに実業家として第一銀行に勤め、学問は余技であったといってよい。つまり勤めの余暇を利用しての調査であり、研究であった。

そういうことになると、柳田先生もその前半は官吏として、学問は余技であるといってよかったが、早く退官して自由になり、とくに大正一〇年から一二年へかけての国際連盟委任統治委員会委員としてのヨーロッパへの出張が学問に対する視野と構想を広げ、学問のリーダーとしての気概にもえ、学問の組織化と旅と著述に情熱を傾けることになる。

しかし渋沢先生はリーダーではなかった。リーダーになろうともしなかった。学問はしたいがその機会にめぐまれにくい人や、学問をするのに何らかの条件を必要とするような人に対して、手をさしのべ、また示唆も与えるようにした。いわば一種の後衛の役をはたしていたのである。そうするとそこにそういう助けを必要とするような人も集まってくる。たとえば早川孝太郎氏のような人である。

早川さんは三河の山中の人、画家になろうと志したが、柳田先生に見出され、その指導をうけるようになった。同時にアチックへも出入りするようになったが、三河山中に残る花祭りという神楽《かぐら》について書物をまとめるように柳田先生からすすめられたのを、中途半端なものにしないで、できるだけ完全な調査研究をするように渋沢先生からすすめられ、これと取り組むことになった。そしてそういうことが一つの動機になってアチックが農民たちに結びつき、その生活や民具に目を向けられていくようになったのである。渋沢先生はそのころから一六ミリカメラで農民や漁民の生活を映画にする作業をはじめている。

いつも七、八人の書生

私がアチック・ミューゼアムに入所したのは、全国を歩いて古くからの民衆生活を見聞するためであり、それは渋沢先生にすすめられてのことであった。徳川時代以来の生活様式や生活感情はまだ各地に残っている。しかし近代化の波によって、それらは急速につきくずされてゆきつつある。どのようにつきくずされていくのか、すべてのものが消えていってしまうのか、それとも古い何かが残るのか、残るとすれば何が残るのか。それはただ残るのか、あるいは次の時代のエネルギーに転化していくのか、いろいろの問題がある。それを大きな変動の時期にみておくことは、きわめて重要なことではなかろうかというのが渋沢先生の考えの一つであった。

先生は自分の家をもそうした意味から一つの実験場にしていた。渋沢という家は埼玉県の利根川沿いの農家の旧家であったが、先生の祖父に当たる栄一が若くして徳川昭武についてフランスに行き、そこで資本主義社会の構造と機能をつぶさに学び、これを明治社会に生かして日本の近代化に貢献した。渋沢先生はその孫に当たり、祖父の血を受けついで、家庭生活そのものを研究と実験の場にしていたといってもいい。

屋敷の中には家族のほかに多くの女中がいた。女中たちには女中頭がいて、その生活や秩序をまもっていた。女中頭は石川県能登の出で、白髪のもうよほどの年齢のおばあさんで、良家のご隠居のような感じであった。書生も七、八人いた。多くは田舎から来た人であったが、南は奄美大島や、喜界島から、また朝鮮からも来ていた。北の方の人は少なかったようであるが、いずれも勉強したいけれども貧しいためにこうした家で書生を勤めつつ学校へかよっていたのである。これには本邸付きと、アチック付きがあって、アチックの方には三人いた。

邸内には研究所としてのアチック・ミューゼアムがあるわけだが、それも民俗研究室と、水産史研究室とが別々にあった。水産史研究室は本邸と、民俗研究室の間に建てられていた。そしてそこには一二、三人が勤務していたが、そのほかにここにたえず出入りしている人がかなりいた。その中にはアイヌ学者の知里真志保さんがいたし、また朝鮮から来ている人が少なくなかった。台湾紅頭嶼（蘭嶼）のヤミ族の研究をしている鹿野忠雄さんもよく来ていた。

朝鮮から来ていた人には、姜、張、朴、漢、崔さんなどがいた。これは大正一二年の関東大震災のとき、多くの朝鮮人を日本人が惨殺したことがあった。そのことについて深く反省した人々が、お金を出し合って、朝鮮の若い人たちの勉学の助けをし、謝罪の微意を表しようとしたものであるといい、渋沢先生の面倒をみたのがこの人たちであった。そのうち張さんは私の行ったときは朝鮮に帰っていて面識はなかったが、他の人はよくやって来たし、スキヤキの会をするときなどは先生が招いて、おおぜいで会食する機会をもち、そういうときいろいろ話しあいをする機会をもった。姜さんは東大農学部の東畑研究室におり、崔さんは東大医学部を出、私が東京にいた間、私の健康管理をしてくださった。朴さんは書生をしていた。したがってこの人からはその郷里の慶州付近のことについてはいろいろ話を聞いたものであった。

ふるさと語る話の広場

大ぜいの人、それも育った土地、家、育ち方も違った人たちが集まってきて生活する。しかもバランスをとりつつ一つの秩序を保っていくということは、その秩序を維持するためルールを守らねばならぬ。しかし一人一人が自己を充実させて生きていくための努力と、それのゆるされる場も必要になる。それにはまずお互いの間の理解と信頼が必要になってくる。お互いを知りあうための努力というと大へんなことのようであるが、渋沢家に集まって来ている人の多くは語りたがる過去をもっていた。それぞれ生まれ育った田舎を持っており、その田舎へつよい愛着を持っていた。奄美大島から来ていた浜田国義君のふるさとの海は限りなく美しく透明で、しかも海には美しい魚が岩の間を泳いでおり、それをまた容易にとることができた。珊瑚《さんご》がくだけてできた白砂の浜は、真っ白で、そこで沖を見ながら一日でも時をすごすことができた。そういう話を聞くのはたのしいもので、それはそのまま童話であるといっていい。

奄美の東の喜界島からきた拵嘉《こしらえ》一郎君の話はもっと面白かった。若者たちは月の美しい夜は蛇皮線《じゃびせん》をもって浜に出、月の光の下、海に向かって蛇皮線をひく。すると若い女たちが寄ってきてともに歌をうたい、夜がふけていく。まるで万葉集のような世界である。そういう話を聞くのは限りなくたのしかった。主食はサツマイモであるが、それをうまくたべるためには魚を多くとって副食物にしなければならぬ。しかし、それだけでもなお何かの物足らなさをおぼえるときはブタを殺す。そしてその肉は一家だけではなく大ぜいでたべ、そういうときはショウチュウをのみ、また蛇皮線をひきつつうたう。朴君の朝鮮の農村の話も私には強い印象を与えた。ただそういう生活の中へ日本人が土足のまま入り込んできたという。靴をはいたまま座敷へあがってきた。これほど大きな屈辱を感じたことはなかったと朴君はいう。

だれが、いつというようにあらたまって話すのではなく、何かの折に話し出すのだが、周囲の人たちはみな深い感動をもってそれを聞き、また自分の話をするのである。だからいつの間にかお互いがお互いを理解し、信頼しあうようになる。またそういうことを話しあう時間があった。

アチックには書生たちの寝る九畳の畳敷きの間があり、そこには小さい炉もきってあった。またその隣には一二畳ほどの板敷きの広間があり、大きなテーブルが置いてあった。旅から客が来ると、九畳の間で話しあい、本邸の方の書生や、水産史研究室の人々はテーブルの間で休んでいくことが多かった。話題は実に豊富であった。だれかが田舎からやってきてこの二つの間で、耳あたらしいことを話していき、時にはとまっていった。

私はアチックの二階にある三畳間を居間にしていたが、客のあるときはかならず声がかかった。そして相手をさせられた。そして客が漁業に関係のあるような人なら、水産史研究室の人にも来てもらって話を聞いた。

保谷の民族学博物館にいた吉田三郎さんは秋田県男鹿半島の人で、もとそこで百姓をしていた。この人もよくアチックへやってきたが、この人の百姓談義はすばらしいものである。その体験は労苦にみちたものであったが、その土ととりくんだことについての語りは、そのまま壮大な叙事詩であったといってよかった。

多士多才な学者集まる

水産史研究室は、渋沢栄一翁のなくなった昭和四年、その看病や葬儀などの過労から糖尿病にかかり、転地療養を余儀なくされた敬三先生が転地先の伊豆長浜で発見した大川家文書の研究整理のために設けられたものである。大川家文書は中世末から明治初年までの間に記録し、往復した文書がほとんど完全にのこっており、一つの村がどのような規模と生産構造をもち、どのように周囲の村とかかわりあいながら、どんなに生きついできたかがよくわかる。

この厖大な資料の整理には当時国学院大学の講師であった祝宮静氏があたったが、内浦資料の整理がはじまると、水産史を研究しようとする若い学者が次々に集まってきた。漁業史の山口和雄、捕鯨・鰹漁の伊豆川浅吉、肥料の使用にもとづいて見た農業経営研究の戸谷敏之、製塩史の楫西光速、農村構造の桜田勝徳の諸氏はいずれも若くいわゆる俊英の学者であり、また農民事蹟を調査する鈴木行三翁はもともと江戸時代文芸家の伝記研究者として随一の人であり、藤木喜久馬氏は近世文書の解説ではならぶもののない人であり、アチックに出入りする学者の多くはこの人の指導指示をうけた。まことに多士多才で、私のように田舎から出てきた世間知らずにとってはいわゆる目のさめるような世界であった。

とくにおどろいたことは、机に向かって本をよみ、自分のやりたいと思う勉強をすることによって給料をもらい生活がたてられるということであった。それまで、給料とか賃金とかいうものは雇い主の命ずる仕事をおこなうことによって得られるものであり、勉強しようとするには勤務の余暇におこなう以外にないものだと思っていたのであるが、そうでない世界があったのである。伊豆内浦の漁民資料の整理は渋沢先生の依頼するものであるが、その他は各自の意志によっておこなわれているものであった。

私の場合は渋沢先生の命ずるところを歩くことになるのだろうと思っていたが、それはほんの一部であって、その余は自由にあるいてよいというのだから、私自身たいへん戸惑いを感じた。そしてこの世界の空気になれるために、研究室の書棚にならんでいる書物を抜き出して、拾い読みをしたり、昼食や午後三時の休憩のときに皆さんの話をできるだけ聞くようにしたのであるが、学問的な会話の内容を十分理解することはできなかった。そして大変なところへはいってきたものだと思い、大阪へおいてきた妻子が恋しかった。

もう一つ私のとまどったことは、毎晩のように渋沢先生がアチックの応接室へやってきて話していくことであった。話の内容は魚の方言と塩の習俗などであった。また筌《うけ》という漁具についての全国各地の形式や分布についての話であった。

私などそれまでくわしくしらべたものを基礎にして話しあったことはなかった。思いつきや、わずかばかり見聞したことを話しあって、相手を論破することができればそれで満足してあとは忘れてしまうというのがほとんどであったが、ここではうろおぼえのことはゆるされなかった。かならずたしかめてみなければならなかった。

私はそのとき三二歳、全くおそい出発であった。

中国地方の旅に感銘

そのころ中国山中の島根県田所村に田中梅治という老人がおり、この人は早くから産業組合運動に従い村の組合の理事を長いあいだ勤め、さらに村の助役を勤め、退職後は百姓をしていた。若い時から俳句を作り、正岡子規の弟子であったが、農業のかたわら水田耕作の技術や習俗について「粒々辛苦」と題して書きとめていたので、それをアチックで出版することになり、それには畑の耕作技術や習俗も書きそえてもらうことにして、その原稿の清書ができあがって、田中翁にお目にかけることにし、私はその原稿を持って東京をたった。昭和一四年一一月一六日の夜であった。〔畑作を加えた田中翁の原稿は『粒々辛苦・流汗一滴』と題して昭和一六年九月にアチック・ミューゼアムから刊行された〕

一七日朝、松江で下車して島根半島をあるき、さらに山陰線で江津にゆき、田所村に田中翁をたずね、山をこえて広島県大朝に出、そこから西へあるきつづけ、山口県の高根村、本郷村を経て一二月四日、岩国へ出てこの旅を終えたのであった。この旅での聞取りは『出雲八束郡片句浦民俗聞書』(アチック・ミューゼアム刊)、『中国山地民俗採訪録』(未來社刊)としてまとめているのであるが、私自身にとっては実に印象深い旅であった。日数にして一九日にすぎなかったが、旅費もわずかで、たしか一二円ほどであったとおぼえている。汽車賃がほとんどをしめており、宿にとまったのがたしか三日、一泊が五〇銭くらいであったとおぼえている。

そのうえ各地にすぐれた伝承者がいた。土地のことを実によく知っており、その知識で村を運営していたのである。そしてその人たちはどんなことでも話してくれ、警戒することがほとんどなかった。そのときの私の旅姿は縁のある運動帽をかぶり、黒色のジャンパーを着、黒のコールテンのズボンをはき、カーキ色のゲートルをまき、黒い編み上げの靴をはき、リュックサックを背負い、リュックサックの背負い皮にコウモリ傘を吊りさげていた。この姿は薬の行商者に共通していたとみえて、いたるところで富山の薬屋に間違えられたが、お互いの意志が通じあうといくらでも話してくれるし、自分の力のおよばぬときは村の伝承者を紹介してくれたのである。

聞く話は労苦にみちたものが多かったが、暗いかげは少なかった。なぜなら、その労苦を克服して今日にいたっている人たちだからである。とくに山口県高根村（錦町）向垰《むかたお》の五〇余ヘクタールの畑を水田にきりかえる庄屋山田一家の三代にわたる苦心には心をうたれるものがあった。そして産を失ってしまうのである。しかし、産は失っても、村がよくなったことによって、この一家の人は満足している。

広島県芸北町樽床《たるとこ》は今はダムの底に沈んでいるが、そこを理想郷としようとしてたたかってきた後藤吾妻氏の話などにはほんとに胸をうたれるものがあった。

どのような僻地《へきち》にも自分たちの住む世界を理想郷にしようと懸命になって努力し工夫している人がかならずいたもので、そういう人がまたすぐれた伝承者だったのである。民俗学という学問は単に過去の消えゆきつつある習俗を調査し記録していくものではなく、過去の生活エネルギーを現在を経て将来へどのようにつないでゆくかについてしらべる学問ではないかと思った。

郷里、大阪を経て、年末東京へかえってから、私は毎晩、渋沢先生に話しつづけた。それほど興奮もし、また感銘もうけた。

旅についての反省

旅らしい旅をしてみていろいろのことを考えさせられた。見ず知らずの旅人に何の疑念も持たず、かくすところもなく話してくれるのは、私を自分たちの仲間だと考えているからであり、話すことによって気の休まるものがあるからではないかと思った。「私も百姓の子であり、今でも家へ帰ると鍬鎌《くわかま》を持って田へゆく。だから百姓仕事は一通りできる」とはなすと、大ていはひとしきり農作物のことについて話がはずむ。そして相手も他人ではないと思いこむようである。この百姓仕事について聞いたことが後に大変役に立つことになる。

全国にわたって田に何が植えられているか、畑に何が植えられているか、前栽に何が植えられているかを見てき、またその作り方について一通りきいたことによって、他の地方でその中のすぐれたものをすすめてみることができるのである。時には種子を少々ずつもらって、配ってあることもあった。そしてそういうことを喜ぶ人が少なくなかった。ただ話をきくのでなく、こちらも相手のほしがるような話をもってあるくのである。そういう態度が学問的であろうがなかろうが、そうしたことは私にとって大して問題ではなかった。

学者になろうとしているのでもなければ、新しい何かを発見しなければならないわけでもない。

いま生きている人たちの姿を忠実に伝えることであり、いわば代弁者になることであると思った。何かの雑誌に物を書いたとき、ある評者が「百姓根性がぬけない」と評した。そのとき「そうなんだ、その通りなのだ。私自身にとってはいつまでたっても、どこまで歩いても大切なのはそのことで、その視点と立場から物を見ることを忘れてはいけない」と思った。評者は百姓根性のぬけることを期待したようであったが。

余談ながら、私は多くの人からは旅行者のように見られているが、正しくは出稼ぎ者なのである。事実できるだけ郷里の家へかえることにしている。郷里の家には今、次男が百姓をしている。「食えない百姓なんかにならないで」という人も多かったが、「どうしたら食えるか」について考えることも大切であろうと思ってとめなかった。とめなかったというよりは、私の手でなしとげることのできなかった仕事の一つをやってみようとしていることに期待している。

中国山地をあるいてみて、そこで逢い、そこで話した人たちは自分がそこを抜け出すよりも、その土地をどうすれば生き甲斐を感ずるような場所にするかについて皆真剣に考えていた。『粒々辛苦』を書いた田中梅治翁はそのもっとも熱心な一人で、翁の頭の中で描いていた農村に近づきつつあったとき、戦争はそれをつきくずしていったのである。戦争ばかりでなく、近頃は外からの経済政策によって、夢と自主性がくずされていく。

さて東京へかえってまたたく間に一〇日あまりがすぎた。渋沢先生や柳田先生には旅の報告はしたけれども、研究所の同僚には話すことも少なかった。書物に書かれた学問の世界と現実に生きている世界には実に大きな差があるように思えてならなかった。しかしそれが私自身には十分表現することができなかった。

渋沢先生から、鹿児島県の屋久島に大きな工場が間もなくできる、するとかわってしまうだろうから今のうちにあるいてみてはどうかといわれ、一月二〇日すぎに東京をたった。

命の躍動する古老の話

昭和一五年の一月は寒かった。山陽線大畠駅で郷里の周防大島から来る母を待って、福岡県の宮地獄、箱崎、香椎、太宰府などの神社へまいり、博多駅で郷里へかえる母を送り、鹿児島へ向かった。沿線どこも雪におおわれ、鹿児島もまた白かった。ただ人の歩く道のみが黒くぬかるんでいた。鹿児島で船を二日待ち、屋久島の安房へついたのは一月二八日であった。南海岸を栗生というところまでゆき、引きかえして北海岸を西の端の永田までいった。ここでも多くのよい古老にあい、どこにも誠実に生きている人びとのあることを知った。

種子島を経て、鹿児島へ帰り、大隅半島の先端までゆき、さらに東海岸をあるいて高山に出、汽車で福島までゆき、南那珂郡の海岸をあるいた。見聞するところ皆心をうつものばかりであった。宮崎で高等農林学校の日野巌教授から米良・椎葉を歩くことをすすめられて山中に入り、柳田先生に『後狩詞記』の資料提供した中瀬淳翁にもあった。そして東京へかえったのは三月一〇日すぎであった。

埋もれている民衆の生活は決して無為にすごしているのではなかった。そしてどんな人にも感動に満ちた生活があった。今は西都市の中に入っている南郷村の農家を訪ねていって聞いた大平虎吉翁の臼《うす》太鼓の話は私のこれまでにきいた話の中で、もっとも生命の躍動した話であった。翁は中年に失明した。それだけに目の見えた日のことがつよく頭に焼きつけられていたのであろう。

この地方の臼太鼓の歴史から説きおこし、臼太鼓は青年式としておこなわれるもの、その青年戒について語り、臼太鼓を神社の前で奉納するのであるが、張りのある掛け声と太鼓を打つ所作はまさに絶品といってよかった。そしてそれはイロリのまえにすわっているという現実は消えて、さんさんと太陽の光のふりそそぐ青空の下で背に挿したかざりものをふりたてながら、くるりくるりと踊りまわる若者たちの姿がうかんでくるのである。

それは若い日の体験そのままの表現であるが、その体験がいかに感動に満ち、若者の血をかきたたせたことであろう。そしてその感動が固くその身をふる里の地に結びつけたのであろう。そういうすばらしい芸能すら、今は忘れられ省みる者も稀になっている。たまたま訪れた旅人に臼太鼓のことを聞かれて、すぎし日の思い出がわきあがるように心にみちみちてきたのであろう。

それほど情熱をかたむけ得るものがこの山中にもあったのであり、それがまたふるさとを住みやすくする工夫や努力にもなってゆき、それにはまた、それを助けるような協力者たちがいたのである。南郷から椎葉へこえる槇鼻峠の東側に土佐村と土地の人のいう一〇戸ばかりの村があった。土佐から移住して焼畑をおこない、ミツマタを作るのを主業にしていた。

ミツマタの皮は和紙の原料で、ここで作って土佐へ送っているとのことで、土地の人もそれにならってミツマタを作るようになったという。新しい産業はこのようにしてひろがってゆくものであろうか。米良、南郷にかけては谷間に水田が発達しており、その畔《あぜ》は見事な石垣積みである。きいてみると、明治時代に広島の石工が来て築いたものであるという。そのようにして畑を田にかえ、それで暮らしもずっと楽になったという。

雑談楽しみに銭湯通い

九州の旅を終えて、ようやく私は何を見、何をきいてあるかねばならぬかがわかってきたのである。私の旅の目的はいわゆる民俗事象を採集することであった。しかしもっと大切なことはそれを保持継承している人たちの生活を見ることではないかと思った。さらにまた田舎とは何か、またなぜこのような形で存在しているのであろうかということであった。都会とどのようなかかわりあいをもっているのであろうか。田舎の存在意義について反省する機会をもっと多く持つべきであろうとも考えた。

それにはその資料を人の目のとどく所に提供することが、私に課せられた課題の一つではないかと考えるようになった。さらにまた一介の旅人として通りすぎてゆくだけでよいものであろうか、訪れた地へは何回も足をはこぶべきであり、もし足のおよばぬときは仲間の者に訪れてもらう機会をつくり、いつまでも縁をきってはいけないと考えた。そしてそれを実行して今日にいたるのである。

私はようやく自分の与えられた機会を私なりに意義のあるものにできるような気がした。そして東京にいるということは周囲にいるすぐれた人たちから、できるだけ多くのことを教えてもらい、また物を見る眼をひらいてゆくことだと考えた。

幸い、書生の諸君とはいたって仲がよく、ひまがあると二ノ橋の界隈をあるきまわった。二ノ橋を麻布側へわたって北へゆくと十番という小さな盛り場がある。十番の入り口に山中屋という果物屋があり、喫茶室がついていてそこでまずコーヒーをのみ、崇文堂という本屋で本の立ち読みをし、腹のすいているときは長坂の更科でソバを食う。そして谷の道を上っていくと六本木へ出る。そこには古本屋があって、古本をあさりにゆく。

十番から西へ急な坂をのぼると一本松へ出る。松が一本立っており、『江戸名所図会』にも見えている。そこから尾根の上の道を西へゆくと仙台坂の上に出る。一本松の尾根の北側は深い谷になっていて、そこには貧しい人たちがギッシリと肩を寄せあって住んでいた。

十番へいった日はそういうところをあるくことが多かったが、渋沢邸の道をへだてたすぐ北側には桂・伊藤という桂太郎や伊藤博文の由縁の者の邸があり、その北側は急な崖になっていて、崖の下には銭湯があった。そこへよくいった。書生連中は邸内の風呂よりもこの風呂を好んだ。町内のいろいろの人がやって来て風呂に入る。その雑談が面白かった。この町内は大正一二年の震災にあわなかったし、昭和二〇年の戦災にもあわなくて、長く明治時代の東京の俤《おもかげ》をとどめていたところである。したがって比較的長くここに住みついている人が多く、老人の中には景気のよい啖呵《たんか》をきって世俗批判をする人が少なくなかった。渋沢の書生たちはよくその相手をさせられた。話を素直にきくからであろう。

風呂を出ると、角の店でタイヤキを買い、たべながら、そのあたりをあるいてみる。何となくほのぼのとした人間くさいあたたかさをおぼえる。そうした町並みの中に久保田万太郎の家があった。またこの町内にはアチックにつとめている歌人の高木一夫氏や五十沢二郎氏も住んでいた。

高木さんは『博物』という歌の雑誌を出し、五十沢さんは佐藤春夫に愛せられて、『ヤポンナ』という雑誌を編集していたことがある。そのころはともにアチックの出版物の編集にたずさわっていた。

研究に戦争の影濃く

私がアチックへはいった頃は、アチックの全盛期はすぎていた。アチックの調査研究活動のもっとも盛んだったのは昭和八年から昭和一四年前半まではなかったかと思う。その間がまた渋沢先生の調査旅行回数のもっとも多かったときであり、昭和一〇年七月からは『アチック・マンスリー』という、菊判二つ折りの雑誌を出し、昭和一四年五月に終わっている。この雑誌がアチック所員の研究活動の状況をつぶさにつたえている。

昭和一二年には第一部会では『郷土生活の研究法』をテキストに八回にわたって民俗学の方法論について討議をおこない、そのあとは土屋喬雄氏の『日本経済史概要』をテキストにして討議をおこなっているとあり、漁業史研究室では大西伍一氏の『漁人伝』完成、伊豆川氏の『土佐捕鯨史』は完成に近い。山口氏は越中灘浦旧漁業調査にかかり、桜田氏は『御鷹匠同心片山家日常襍記抄』『社会経済史料雑纂第一輯』『塩俗問答集』『朝鮮多島海旅行覚書』の原稿をまとめたとある。

第二部会は民具研究会をつづけ、筌《うけ》を共同研究テーマとして取りあげることになった。なおこの年アチックに所蔵されていた民具は保谷に新設された日本民族学協会の付属博物館に移され、民族学協会は館内に研究所をもうけて研究活動をつづけることになり、アチックからは民具研究室の磯貝勇、小川徹、宮本馨太郎氏らが参加することになった。

第三研究室ともいうべき文献索隠編纂室は『日本地名索引』『日本古典書目索引』などの編纂に取り組み、これらの成果を刊行する出版室が活動していた。

しかし、昭和一二年を境にして、これらの研究活動がしだいに下火になっていくのは、この年はじまった日中戦争の影響を少なからず受けはじめていることを忘れてはならない。

昭和一三年には渋沢先生も『魚名に関する若干の考察』にとりかかっているが、考察をすすめていく上での資料不足でしばしば執筆を中止している。そして、昭和一五年以後の旅行にはアチック同人の同伴がほとんどなくなっているのである。それまでは年五、六回にわたってアチック同人とともに各地をあるいて民俗や水産の踏査をおこない、そこで新しい問題を見つけると所員のだれかにそのくわしい研究をすすめているのであるが、昭和一四年九月、岩手県の宮古、大槌への旅行にアチック同人を同伴して以来中止されている。

私の入所したのはそんなときであった。水産史研究室の皆さんもほとんど研究室にとじこもっての研究活動になっていたし文献索隠事業も活動を中止していた。これは地名索引がゆきづまったためであった。地名索引は五万分の一の地形図に記載されている地名のすべてを索引にする事業であったが、この頃からしだいに秘図区域が広くなっていく傾向にあった。日本の五万分の一地形図はその頃は海軍の軍港や要港の付近、要塞《ようさい》地帯などは、地図の公開をゆるされていなかったし、また写真をとることもゆるされていなかった。その地区の生産や生活の状態について聞くこともゆるされなかった。だから私の場合、九州の旅行を終えて東京へかえると警視庁の特高課から刑事が来て取り調べをうけたことがあった。

地名索引のような仕事もおのずから制約をうけることになる。というよりもアチックのような調査は不急の事業としていろいろの目に見えぬ制約が加わってきつつあった。

伊豆の習俗訪ね歩く

考えてみると私の調査はいたって杜撰《ずさん》なものであった。通りがかりによい老人に出あうと、そこへ一日なり二日なり腰をおちつけて話を聞く。そしてその人に紹介してもらって次の村へいって話を聞く。そういうようにして旅がつづいていく。聞きおとしがあって後へ戻って聞くこともある。しかし、一つの土地に長い間おちついて話を聞くということはほとんどなかった。理由はできるだけ早く、日本を一通りまわって見ておくことであった。

昭和一五年頃から日中戦争が世界大戦へ発展するであろうということが予想されていた。

昭和一四年であったと思うが、実験民俗学と称して五年後の日本およびわれわれの環境がどうなるかということを予測して、それを五年目にあけてみるということにし、包みにしてアチックの応接室の天井に吊りさげた。昭和一八年の暮れにひらいて見たのであったが、戸谷敏之氏は「日本は日中戦争の処理に窮してしまって多分第二次世界大戦に発展し、凡《およ》そ一年半の後、ソ連は日本に向かっても開戦し日本は敗戦に追いつめられているだろう」と推定していた。これが一番適確な予測であった。無論、昭和一八年末にはソ連はまだ日本に対して開戦していなかったが、それは時の問題であり、日本の敗戦は色濃くなりつつあった。他にも第二次大戦がおこり、日本がしだいに窮地に追いこめられつつあるだろうと予測していた人があった。多分、渋沢先生であったと思う。大ぜいの人びとの心の上に戦争は大きな重荷となってのしかかりつつあったのである。それでもまだ研究室の中は平穏であった。それは渋沢先生に対する信頼がそうさせていた。

私の旅もまた同様であった。「歩けるうちに歩いておいてもらいたい」。それが先生の言葉であった。そこで歩ける間は歩いてみることが大切であると思ったが、私一人あるいてみる見方が当を得たものであるか否か不安であったので、四月には桜田勝徳さんと一緒に伊豆の西海岸をあるくことにした。伊豆内浦は大川家の漁村資料の所蔵せられたところであるが、その漁村生活などについてはまだくわしくしらべてなかった。そのことについて聞きとりをおこない、できれば伊豆の西海岸をあるいてみたいと思った。

四月初めに東京をたって、内浦にゆき、先生の定宿である松濤館にとまって、長浜の村の生活習俗についてきいてまわった。そのときは四郎左衛門翁も健在で大川家のことについていろいろ聞き、分家の大川家で村の生活について聞いた。そこには中世に見られた塗籠《ぬりごめ》の寝部屋がまだ残っていた。それだけでも私の心をひいた。そしてまたこの地には若者組や若者宿の組織もよく残っており、それと漁業との関係なども興味深いものであり、若者組は孤立して存在するものでないと知った。

そこで若者組のことについてしらべてみようということになって、長浜での調査を終えると、内浦湾岸の西端の江梨から山をこえて井田へ出た。そこは道が山手から海岸へまっすぐについていてその両側に家がならんでいた。古い村の俤《おもかげ》があったが、どの家も留守であった。山や海へ働きに出ているのであろう。仕方なく何もきかずに戸田《へた》へあるいた。戸田、安良里、田子、仁科、松崎は年齢階梯《かいてい》制によって村が構成されているといってもよいようなところであった。そして村人の話に心をとどろかした。

月の夜の奄美大島

伊豆から山梨県の東部をあるいて東京へかえると、渋沢先生から南西諸島の調査にいってほしいとの注文が出た。昭和九年に渋沢先生を中心にした大ぜいの学者たちが薩南の島々を歴訪したことがあった。島での滞在時間は短かったが、一つ一つの島を計画的に見てあるいたことは、明治三五年頃にこの島々をあるいた笹森儀助の『拾島状況録』以来のことである。それらの島の中で渋沢先生のもっとも心にとまったのは宝島である。宝島をくわしくしらべてみてほしいとのことであった。そのほかに奄美大島でベラという魚をナオマツとよんでいる命名の動機についてしらべてほしいとのことであった。

この行も桜田さんといっしょであった。桜田さんは酒仙であるが島には芋焼酎《しょうちゅう》がある。酒がはいるとこの人は全くの善人そのものになる。そして周囲の人を同化してしまう。この人がいるとたのしくなるのである。宝島の二〇日間は全くすばらしかった。老人から子供までみんな親しくなることができた。そして大洋の中の孤島の上で人びとがどのように生きついできたかを知ることができた。その生活を守るためには血縁による結合、地域による結合、年齢による結合、祭祀《さいし》による結合、それらが歳月に応じ、作業に対応してなされているのである。後に他の地方の調査にあたって、この島の調査は私にとっては一つの調査基準になった。

宝島から奄美大島へわたって宇検というところでナオマツという美しい歌い女の名が魚に付せられていったいきさつについて聞いた。ある夜、私は島の若者たちに八月踊りを踊って見せてくれぬかと頼んだ。若者たちは快くひきうけてくれて村の広場に集まり太鼓を打ち、男女が輪になって踊ってくれた。私は八月踊りの歌を島出身の浜田国義君に教えてもらって三つほどおぼえていた。浜田君はアチックの書生をしている。彼の話による宇検は絵のように美しいところであり、八月踊りの歌もまた詩情ゆたかなものであった。それを現実に味わいたかったのである。

人びとは踊りに酔うていつやむとも知れず夜がふけていった。空には月がまるく明るかった。かなり夜ふけてから、一人の母親が一〇歳になる息子の姿が見えぬといってさわぎだした。私たちは踊りをやめてその子を探しはじめた。しかし、どこにも見えない。あるいは海へ出たのかも知れないということになって沖へも漕《こ》ぎ出していった。船は光の海の彼方《かなた》へきえていった。私たちは浜に腰をおろしてしばらく待っていた。しかし、船は一時間たってもかえってこない。方々をさがしにいっていた人たちも戻ってきて、どこにも見あたらぬという。案じはてていると、沖の方から「いたぞう」という声がかすかに聞こえてきた。そしてそれから一時間近くして二艘の船が沖からかえってきた。

少年はあまり月が美しいので海へ乗り出してみたくなったのだという。入り江の海は鏡のように凪《な》いでいて、ゆけどもゆけどもはてがない。月を見つつひたすら船を漕いでいったのである。

さがしに来る船がなかったら、夜があけるまで海を漕いでいったかもわからない。

「月が美しかったぞォ」という少年の眼はかがやいていた。少年の心情はだれにもみなわかっていて、とがめる者は一人もなかった。みんなそれに似た体験をもっているのであろう。

御薗生先生の人がら

宝島での印象は私にとって強烈であった。強烈であるとともに、まず自分の郷里をよく知ることが何よりも大切であると思いついた。山口の図書館には郷里に関する古文書もたくさんある。まずそれをしらべることからはじめなければいけないと思って、神戸まで帰って、桜田さんとわかれて私は山口へいった。図書館には県史の編纂室があって、そこには小川五郎、御薗生翁甫、石川卓美氏らが調査や資料蒐集にしたがっておられた。

私は御薗生先生の知遇を得ていたので、先生の家にとめてもらって、毎日、図書館へ通って「地下上申」「風土注進案」「郡中大略」などのうち、郷里関係のものを筆写した。そのほかにも「大島郡宰判本控」「萩藩閥閲録」などいろいろのものがあって、少々の日数では筆写できるものではなかった。接写の設備もコピーの設備もない時代である。

しかし毎日がたのしかった。昼は先生の奥さんの作った弁当をたべ、食後は小川先生を中心に談論風発、夕方になると先生の家へかえる。座敷の障子をあけると瑠璃光寺の五重塔が見える。室町時代に建てられた実に美しい塔である。それを見ながら晩酌をたしなむ。野人学者としての御薗生先生は全くすばらしい人である。『防長地名渕鑑』を書き、『防長造紙史研究』を書く。県としてはいずれも先駆的な学業である。後に『大内氏史研究』をはじめ、多くの市町村史を手がけた。視野の広い学者で、しかも清廉、酔をおびると語って尽きることがなかった。

先生はもと逓信省海事審判所の三津浜出張所長であったが、海を愛し、海の歴史を愛し、勤務の余暇ばかりでなく、出張を利用して、三津浜を中心にして調査をすすめ、早く私の郷里の大島について『大島郡史談』をまとめている。そしていまも貴重な資料なのである。先生は『史談』に書かれていない資料もたくさん持っている。また未完ではあるが、どこにどんなものがあるかもよく知っている。単に文献ばかりでなく習俗のことにもくわしい。私が郷里のことについてもっとも多く教えられたのはこの先生である。

官学の学者はともかくとして、民間の学者はまず自分の郷里をくわしく知り、その知識をもとにして広く周囲を見ていくことが大切である。そうしないと足のない学問になってしまうというのが先生の主張であった。余談になるが、先生は晩年、防長神楽《かぐら》の研究に没頭した。九〇歳近くになっての調査旅行は無理であると思ったがそれをやりとげた。執筆段階に入って腰をいため半身不随になりつつ、筆をすすめ、完成の一歩手まえ、昭和四二年三月七日になくなられた。九二歳であった。この研究は後に財前司一君が若干の補足をおこなって、昭和四七年に『防長神楽の研究』と題して未來社から刊行した。学問に対する情熱のはげしさは、この人の右に出るものも少ないのではないかと思われる。

さて、私は図書館での筆写を一週間ほどで打ちきって郷里へかえることにした。郷里には母が一人百姓している。ちょうど田植え時期なので、郷里へかえると四、五日の間に、田のこしらえから苗とり田植えをすました。まだ島にはユイがのこっていて、手伝ってくれる人も多く、手ばやく片がついて、あとは母が、ユイを戻すために他家へ手伝いにゆくことになる。それから大阪の妻子のところへ寄って東京へかえったのは七月に入ってからであった。

善福寺裏の岩倉さん

東京へかえってからは一月以来の調査資料の整理にいそがしかった。屋久島（『屋久島民俗誌』）、大隅半島（『大隅半島民俗採訪録』）、日向南那珂郡、米良・椎葉村、宝島（『宝島民俗誌』）などを一一月の初めまでに書きあげた。早くまとめておかぬと忘れてしまうからである。伊豆西海岸は桜田さんがまとめるというのでお願いしたが、これはまとまらなかった。私のものも米良・椎葉は戦災で焼け、日向南那珂郡は郵送の途中、行方不明になった。

それはそれとして、この期間は私にとってはたのしい一時期だった。岩倉市郎さんが郷里から帰って来たのである。岩倉さんは一四年八月に桜田、高橋文太郎氏らと美濃奥の木地屋の調査に出かけて発病し、一〇月一四日に清瀬病院に入院した。幸い経過がよくて一二月一六日には退院し、一五年一月末には静養のため郷里へかえった。われわれが六月初めに喜界島を訪れたとき、岩倉さんは島にいた。

その頃、昔話の採集にかけては第一人者であったが、郷里を持つ者はまず郷里の生活習俗についてまとめてゆくことが大切であるというのが渋沢先生の主張で、健康を得て郷里調査のため帰ったのである。この時期にあって柳田先生も渋沢先生も御薗生先生もみなおなじようなことを考え、また主張していたが、ニュアンスは若干ちがっていた。

たとえば、渋沢先生は佐々木喜善氏に対して、「昔話の採集ばかりするのでなく、遠野地方の生活全般にわたる習俗をまとめてもらいたいものだった」と後々まで言われ、昭和一七年に福島県の高木誠一氏に逢ったあと「これほど多くのことを科学者のごとく正確に知っておりながら、これほど発表の機会のめぐまれなかった人もまれだろう」と話された。そして、是非生涯の見聞を何冊になってもよいからまとめるようにとすすめられた。しかし、高木さんはそのことを果たさずに死んだ。高木さんのなくなったとき「大きな文化が伝承されることなしに消えた」となげかれた。

先生の岩倉さんに対する期待にも同様のものがあったと思われる。それは岩倉さんには若干荷になっていた。それほど健康でなかったからである。岩倉さんの家は麻布善福寺の裏にあった。善福寺の本堂の脇を通って裏へまわると坂になっており、板塀が境内を囲って小さい木戸があった。その木戸をぬけて左へすこしゆくと岩倉さんの家があった。この家には映画俳優の高田稔が住んでいたが、有名になってどこかへ引っこしていった。岩倉さんの家から少し北へいったところに桂太郎の愛妾であった安藤鯉の家があった。つつましい家であった。このあたりには私生活を見られたくないような人が点々と住んでいたようである。岩倉さんの奥さんはそういうことをよく知っていて「麻布善福寺裏は小説になりますよ」と笑った。

岩倉さんと私は話が実によく合った。おなじようにふるさとを持ち、そこから出てきた。とくに岩倉さんはふるさとの生活をたちきるために出てきたのであるが、そのふるさとのことを書いて生活をたてねばならなかった。

「いったいなぜ古いことを残さねばいけないのでしょうか。私は方言は学問の資料にはなるけれど、残さなければならないものとは思いません」といった。他でそういうことをいうと一斉に反撥される。それで柳田先生のところへもゆけなくなったという。そういう鬱屈した話が二人の間で限りなくつづいた。そのくせ、ふるさとの昔話は美しいという。

渋沢先生の文化論

「宮本さん、私たちはいつまでも田舎者でなければなりませんね。田舎を持っていない人は別です。ただ田舎というものは人に誇ってみても無駄です。それで田舎がよくなるものでもなし、尋ねて来てくれる人もない。それではどうすればいいか。それについて正しくこたえてくれるものはないのです」。岩倉さんはよくそんなに話していた。ふるさとを限りなく愛しつつ、ふるさとを背負っているということで、郷里の人たちは都会の中でも肩身のせまい思いをし、一人立ちして生活ができず、東京でも大阪でも北九州でも、町の片隅で寄りそうように生活しているという。都会と田舎はそういう形でつながっているのである。そしてそれは、ひとり奄美大島、喜界島の人びとだけではなかった。

そういうことについて渋沢先生におたずねしたことがある。

「私は古いことを何でもかでも残そうとは思っていない。しかし過去の世界がどういう世界であったかを見きわめておかねばならぬ、それは日本の特異性を強調するためではない。実に多くの共通性が常民生活の中にある。外国の諸民族の生活も基本においてはそうかわっていない。特異性を誇示して世界の孤児になるのではなく、戦争のすんだあと、お互いに共通した話題が持てるようにすることが大切ではないのか。文化の上に差異があるとしても、差異もまた比較できるものでありたい。」

われわれはそういう話をきくと何となく安心したのである。おなじころのことであった。戸谷さんが先生に相談があるからといって、先生が銀行から帰るまで待ったことがある。戸谷さんは反戦主義者である。その戸谷さんが「いつまでもこういう研究をつづけていていいのであろうか」と先生に聞きたかったのである。世の中は戦争へ戦争へとかりたてられている。そうした中で肥料の研究を静かにつづけていくことに疑問を持ったのである。先生は戸谷さんに言った。

「君のそのひ弱な身体で戦争にいって何ができると思う？　君はむしろそのすぐれた頭脳を生かすべきだと思う。戦争は一時的なものであり、平和の日の方がはるかに長い。その平和の日を充実させていくことこそ、学問に志す者の責任ではなかろうか。」

先生の話の要旨は右のようなものであった。あせってはいけない。浮き足立ってはいけない。自分たちの行き先をじっと見つめていなければいけないというのが先生の持論であった。

そのころ銀座へ出ると、町角に国防婦人会の会員が立っていて「パーマネントはやめましょう」「長い袂《たもと》は切りましょう」と女の服装にまで文句をつけるようになりはじめていた。それで私たちは銀座まで出ることはほとんどなくなっていた。それでもまだ息をぬく場はあった。二ノ橋をわたって少し西へいったところに陣太鼓という飲み屋があった。障子をあけてはいったところに陣太鼓が吊ってあり、それをたたくと女将《おかみ》が出て来た。もと渋沢邸で女中をしていたという。面長で、若いときは美しい人であったと思う。どうしたことか、上野戦争のとき、天野八郎の前に彰義隊の隊長だった渋沢喜作の日記をもっていた。世の中の酸いも甘いもかみわけたような人で、われわれの話にじっと耳をかたむけつつ、時折、言葉をはさむことがあった。それが実に適切であった。

人心すさむ戦中の研究

昭和一五年一一月一五日には紀元二千六百年の式典がおこなわれた。そのとき私は新潟の北の方をあるいていた。そして北へ北へとたどって津軽、下北半島などをあるき、北上山中をあるいた。オシラサマという神様のことをしらべるためであった。その年の暮れも押しつまって東京へかえった。

昭和一六年一月には郷里へかえって農具について調査し、さらに四国の山中をあるいた。四月には淡路沼島へいった。七月には津軽川倉の地蔵祭を見、津軽小泊、板柳、秋田扇田、独鈷《とっこ》などをあるいた。オシラサマの信仰状況をしらべるためであった。八月には美濃・近江奥の木地屋をたずねてあるいた。九月には瀬戸内海の島々をあるいた。魚名をしらべるのが目的であった。

この年、帝国学士院が明治前科学史の調査をおこない、その論文を刊行することになり、アチック・ミューゼアムは漁業史を担当することになり、私は鵜飼《うかい》の調査を受け持った。まず全国の同好の士に質問状を出して概略を知り、現在残存するところをたずねてあるくことにした。その旅先で太平洋戦争の勃発を知った。

東京へかえって昭和一七年の一月には不摂生がたたって胃潰瘍にかかった。もうそのころは世の中はすっかり落ち着きをなくしていた。どこをあるいても子供たちが「スパイ、スパイ」といって石を投げたものである。軍事教育は徹底したものであった。

病気のため旅ができなくなったので、六月の末まで民俗学関係雑誌の目次を書くことにした。そして七月からまた旅に出た。釣針、テグス、揚げ浜製塩など、明治前漁業史の資料をもとめての旅であった。

この年の二月、渋沢先生は日本銀行副総裁に任ぜられた。するとその生活は大きくかわっていった。研究にあてる時間がほとんどなくなったばかりでなく、それまでの多くの会社の重役であったものをすべてやめ、日本銀行副総裁の給料だけにたよらなければならなかった。その上アチック・ミューゼアムも外国人の名にまぎらわしいから改めるようにと警視庁から注告があり、日本常民文化研究所と改称した。書生たちも相ついで出征し、戸谷さんまで応召したのであった。岩倉さんもまた病にかてず昭和一八年に逝《い》った。

もう日本が米軍機によって爆撃されるのは時の問題であるとして、東京保谷の民族学博物館に所蔵されている民具の整理と台帳づくりを、宮本馨太郎氏と保谷に住んでいる吉田三郎氏、拵嘉一郎夫人らとすることになった。ほんとにもう何もない時代であったが、吉田さんは篤農家で実によい野菜を作ったから、その恩恵をうけて、食のともしさをうれえることはなかった。そして食が足りておれば人はしっかりと腰をおちつけて活動できるものだと思った。通りがかりの人が吉田さんに野菜をわけてくれるようにたのむとき、吉田さんは余分があればかならずわけていた。しかし時々はだまってとっていく者もあった。一個二貫目（七・五キロ）もある大きな西瓜《すいか》が一晩のうちに二つも三つもとられることがあった。人の心はしだいにすさみはじめていた。

十番や三田あたりへ出かけていっても、まともなものは食べられぬようになっていきつつあった。そうした中で、研究所に勤めている人たちはだまって研究にいそしんでいた。

東京の細い一本の道

昭和一九年一月の初め、私のように東京にいても大して用事のないものは田舎へ帰るべきだと考えて、大阪府泉北郡鳳町へかえった。鳳の家も二人の子供は義母といっしょに郷里へ疎開させていた。私はもういちど教員生活にかえった。

昭和二〇年八月の初めに所用があって、東京へ出た。東京駅へ下車して、そこから三田まで歩いた。あたり一面の焼野原で、コンクリートや煉瓦《れんが》建てのビルなども中味が焼けてしまっているものが多く、都電の路線には草がはえはじめていた。芝山内も増上寺本堂や将軍の廟所《びょうしょ》も多くは焼けてしまい、美しい五重塔もいまはなかった。そのあたりは私のかつての瞑想の場所で、夕方など塔の下にたたずんで、そこはかとなく物思いにふけることがあった。その芝山内が無残な姿になっていた。

しかし、渋沢の北の崖下の一画はもとのままであった。渋沢邸も無事であった。善福寺も昔のままの姿だったが、十番は焼野原になっており、陣太鼓のあったあたりには烏がたくさんおりていた。

私はすべての夢をうちくだかれたように思った。研究所の人たちで東京へ踏みとどまっているのは楫西さん、伊豆川さん、宮本馨太郎さんくらいではなかったかと思う。私は用事だけすまして大阪へ帰ったのだが、それから間もなく終戦を迎えた。

昭和二一年一月に私はまた上京した。多分、先生からのお手紙によるものであったと思う。当時、先生は大蔵大臣で財閥解体などに取りくんでおられた。そしてそのとき先生から軍備放棄と、国家の文化的な建設についてうかがった。しかし、常民文化研究所がもう一度もとのような形で復活するとは思えなかった。そのときの先生と話しあったことは、以上のこと以外おぼえていない。ただ私は二ノ橋を中心にしてそのあたりを歩きまわってみた。十番から六本木、青山、三田、高輪のあたりまでをあるいてみると、そこはおそらく、江戸の町が発達しはじめる以前からあったと思われる細道がどこまでも続いている。道の二つにわかれるところには庚申《こうしん》塔や地蔵様もある。

丘の上が木立や畑であったころには、谷をへだてた向こうの丘の人と声をかわしながら仕事したものであろう。このように焼けてみると、江戸以前の古い姿がそのままうかびあがってくる。力ない冬の日の照る丘や谷の、それも新しくつけられた道ではなく、古い道を毎日歩きつづけてみたのである。青山の広い通りにはもうバラックが建ちならびはじめていた。

しかし、あの中世以来の人のあるいた野の道は、町の中の細道として、これからも残っていくのではないだろうかと思った。古いものはすべて消えさるものではなくて、どこかに何らかの形で残っていく。麻布十番から一本松を通って、渋谷の方へゆく道なども、遠い昔には重要な道ではなかったのだろうか。それらの道を今あるく人は少ない。そしてそういう道のみをたどって遠くまであるこうとする人はさらに少ない。だが江戸―東京という町がそうした田舎道にそうて発達し、都会化していった事実は、そこに残っている一本の細い道を通して知ることができる。東京も計画的につくられた下町は別として、山の手は田舎から来た人たちが、ふるさとに似た場所を見つけて住みつき、やがてそこが町になっていった部分も多いのではなかろうか。

変わりゆく町の風情

私は戦後たびたび東京へ出てくるようになった。二ノ橋付近はその間にしだいに家が建ちならんできた。十番で早く復活したのは山中屋果物店であり、崇文堂書店であった。永坂の更科はすこしおくれてりっぱな店をたてた。善福寺はもとのままである。

しかし、渋沢家の本宅は財産税として物納され、裏の広い庭や水産史研究室、アチック（民具研究室）は残った。渋沢先生はもとの執事の住んだ家に住むことになった。先生の学究的な活動はほとんどなくなったが、学界の世話役として民族学協会の会長になり、また九学会連合をつくってその会長を兼ね、学問の連合と総合的な研究を提唱し、研究費のとぼしい人たちにその斡旋につとめた。戦前にこの研究所で研究していた人たちも、戦死者や病没者を除いて、それぞれその専攻する道を進んでいった。あるとき「学位をとったり、大学の教授になったものが一六人ほどあるね、小さい研究所としては一応の役割をはたしたことになろう」と話されたことがあった。

後に水産史研究室と民具研究室をつないでそこを住居にされ、昭和三八年一〇月二五日になくなられたのであるが、いまはそのあとに秀和レジデンスという八階のアパートが建っており、八階の一室を占めて日本常民文化研究所がある。

私は近ごろそこへゆくことも少ない。しかし、時折、訪れてみるたびにおどろくのである。大きなビルが次々に付近に建てられてゆく。昭和三〇年にはじめて一六ミリのカメラを手に入れたとき、先生から「このあたりのかわってゆく姿を写真にとっておくとよい。何がどんな動機でどんなにかわっていくかはこまかに記録しておく必要がある。思いもそめぬようなことが動機になって、物はかわってゆく」といわれて、しばらくは二ノ橋付近の風物を写真にとったことがある。しかし、そういうことをやってみていて気がついたのだが、ある時期の現状をまず綿密にフィルムに納めておかなければならない。そうしないと建物ができてから、そのまえはどうであったかと、うろ覚えの記憶をよびさまさなければならないことが多い。

思いもそめぬようなことが動機で物はかわってゆくという先生の言葉を、崖下の町で経験したことがある。ほんのしばらくであるが、その町の一角へ佐藤栄作が住んだことがある。当時自民党の幹事長か何かをしていたと思うが、みるみるうちにその家の前の道がひろくなっていった。古い町であるから、町の道はせまかったのであるが、それから一本かなり広い道がそのあたりに通った。

また、二ノ橋の袂《たもと》に屑鉄屋が二軒あった。トタン葺きの小さい家に住んで商売していた。そこにはもとソバ屋があった。焼け跡を不法占拠していたのであろう。ところが、そこへ都営アパートができることになって、近くへ引っ越した。そしてりっぱな店になった。

結局、戦前長く住んでいたものが、心ひかれてもう一度おなじ場所へ戻ってきて、戦前とおなじような町を作ろうとしてまず町は復活してくるのだが、そういうところへ、より大きな資本が来て大きなビルなど建て、新しい意志が加わって、町は新しい様相を呈してくる。それにはまたそれなりの側面的な理由があるようで、十番から谷を上った台地の上に大使館などが多くでき、外国人がこの町へ買い物に来るようになったことでしだいにモダンな衣装がえをするようになったかと思う。

深く厳しい農村の課題

戦後、私は全国を実によくあるきまわった。それは戦前をはるかにこえていた。憑《つ》かれたようにしてあるいた。百姓たちが、戦後の日本を復興してくれるように思ったからである。どこへいっても農業技術や経営について、あるいは漁業問題、山林問題について、土地の人たちと話しあったものである。そして余暇があれば、生活習俗などについても話を聞かせてもらった。同時に、戦前訪れた村へもできるだけたずねるようにした。それにしても二〇年、三〇年すぎてやっとたずねていくことができたというところが少なくない。そして最初おとずれたころの人の多くは死んでいる。とくに心をいたましめたのは、山間の村々には戦死者が多いということであった。そうした人たちは山道を歩くことをいとわず、頑健《がんけん》で正直で、みな上官の命令通り行動したのであろう。そしてその人たちの多くは再びかえって来なかったのである。

小さな村に兵隊墓が二〇も三〇もならんでいることがある。それだけ村の中堅の人たちが死んでいったのである。その手疵《てきず》は大きかったといっていい。人が健全であればまたもう一度、自分たちの理想実現のための活動をつづけることもできる。人材の欠乏は僻地《へきち》の復興をおくれさせることになる。

しかもそういう山間僻地の村々の人の心を大きくゆさぶったのはダムの建設であった。補償費を与えて立ちのかせる。そして大きなダムができる。もう労苦の多い山間の生活はしなくてもよいのだから、はじめはみな為政者のことばにしたがったが、それでしあわせになったのは半分ほどだったようである。子供たちが町へ出ていってかなりの暮らしをしているものはそこをたよっていけばよいので、まだよいとして、そうでない家は町の生活になじむことがむずかしくてもろい。

その上、山中に住む人たちはなかなか町へは移住しにくい。自分が町へ出ていったとしても広い山林はそのまま現地に残っている。それを見捨てることはできない。奈良県吉野郡大塔村篠原は昭和一四年に訪れたとき八三戸あった。りっぱな百姓のたくさんいたところであった。今三〇戸たらずがそこに住む。そして多くの人は老いはてた。近ごろは多少余裕のある者は奈良平野地方に家をたて、子供たちはそこにおいて、親はその家と山間を往来して生活をたてている。高知県吾川郡池川町椿山なども、三〇戸の全戸が高知市付近に家を持ち、篠原と同様の生活をしているという。こういう話は限りなくあるのではないかと思う。

民俗調査の旅をはじめて今年でちょうど四〇年になる。しかし、私のかかえこんでいる問題は何一つ解決の方途すら見いだせていない。しかも、もう体力がなくなって仲間とともにミカンを植えたり、柿を植えたり、栗を植えたりする力を失っている。

いま一番さびしく思うことは、百姓たちのかかえているもろもろの問題を、外側からでなく、内側から見ようとする人がほとんどいなくなったことである。

残存する民俗を比較研究することもよい。しかし何がどのようにしてほろび、何がどんな形で残っているのか、そしてそれはなぜなのか。それをほんとうに理解し得る者は、その地の生活体験者である。私のかかえている問題は解決にはまだ遠い。しかも国や県のあたらしい政策が次々におおいかぶさってきて、百姓たちはその行く手をいよいよ見失っていきつつあるように思う。道ははてしなく遠い。

私の民俗学

民俗学への道

昭和一四年の初春のころであったと思うが、師範学校時代の恩師森信三先生が満州の建国大学の教授として赴任されることになって、大学の助手になってみないかとのお誘いをうけ、たいへん心が動いた。

私はそれまで古老から話をきくのが好きで、歩きまわってはいろいろの人から話をきいて書きとめていた。そういう私に先生は興味を持っておられて、満州における民族文化の調査ばかりでなく、日本との関連などについて研究してみてはどうかと勧められて、私の心も大いに動いた。

そのことを東京の親しい友に手紙で書いたら、そのアチックミューゼアム（後の日本常民文化研究所）を主宰する渋沢敬三先生の目にとまる機会があって、「満州へいく前に、日本全国を一通り歩いて見ておいてはどうだ」と声をかけられた。そんなことから、その年の九月末に勤めている小学校をやめて、全国の民俗採訪旅行に出ることになった。旅費は渋沢先生が出して下さるので安心であったが、全くの乞食旅行であった。幸い私は貧乏な百姓の子であり、作物を作ることは一通り心得ており、旅の労苦はそれほど重荷にはならず、あらましの目的をたてておいて、あとは気のおもむくままに歩いた。

戦争がはげしくなって、旅行ができなくなり、やむを得ず中学校の先生になったが、昭和二〇年四月からは、大阪府庁に勤めた。私の仕事は大阪府下の篤農家たちに逢って食糧自給対策をたてることであったので、その年の一二月末にやめるまで、毎日ボロ自転車にのって大阪府の山野を歩きまわった。今から考えてみるとよく、身体が続いたと思うが、私はそこで大地に生きた巨木のような農民の姿を見た。

戦争がすんで私は郷里へかえって百姓になった。しかし、戦前に歩きまわってお世話になった方々が、戦後どんなに暮らしておられるだろうかということが気になって、百姓のあい間に全国を歩いてみるようになった。こんどはもう旅費を出して下さる人はいない。しかし歩いていると講演会など頼まれて、お金をもらうことがある。宿は知人の家へとめてもらうことが多いのでほとんど宿銭はいらない。このようにして、自分の調査を進めていくとともに技術・知識の運搬人になった。Aの地点ですぐれた農業技術や農業経営を行なっている人があると、私もそこでそれを学び、条件の相似たB地区へいってそのことを披露し、また両地の人びとが手をつなぐ仕事をする。

戦前のように山の奥の奥までは行く時間がほとんどなかった。しかし実に多くの誠実な人に会うことができた。その人たちは古い文化を背負いつつ、前向きに歩いていた。その生き方は実にりっぱであった。そうした人びとのことについて、私は渋沢敬三先生に報告した。そういうことに耳をかたむけてきいて下さる師を持つということが、私の心の救いにもなった。昭和二八年には全国離島振興法が成立して離島振興の対策が講ぜられ、二九年には、志ある方々の協力によって林業金融調査会をつくり、全国山村の社会経済的な調査に仲間のものと乗り出すようになった。そして昭和四二年までの間に、およそ二〇〇カ所にわたる農山村の調査を行なった。

私は学者ではない。調査によってあたらしい理論を生み出したり、学説をとなえようとしている者ではない。渋沢先生が私を東京へよび出して全国を歩くように言われたとき、「おまえは学者になるなよ。学者はたくさんいる。おまえは事実をほりおこしてくることだ。現実の生活は刻々にかわっていく。そして古いものがほろびゆくが、そうした人びとの生活をできるだけ丹念に書きとめておくことが、何より大切なことである。それが学問の資料になる。よい資料がなければ、りっぱな学問は発達しない。おまえには学問以前の仕事をしてもらいたい」と、私のいくべき道を示された。私はいまもそれを忠実に守っているつもりである。と同時に、私はすぐれた人の言葉には、異を立てる前にできるだけ忠実に耳をかたむけるように努めてきた。自己が自己を主張することも大切なのだが、相手の立場や言い分を知ることも大切である。

またわれわれが、民俗の調査などとおこがましいことをいっているけれど、それも生活のひとこまである。つまり人びとの生活そのままがその事象にかかっている。きりはなされた民俗も学問の資料もない。それぞれ生きるための問題をかかえていてのことであり、現実に眼前で解決していかなければならないような問題が無数にある。しかも、それをぬきにしては本当の調査は行なえないはずである。学問の資料そのものに血が通っていなければならない。

昭和四〇年からまた学校の教師になって、調査に歩く時間が少なくなった。しかし時間があれば出かけていっている。「ほろびゆくものを調査して何になるのだ」という人も多い。しかし人びとはみな生きてきたあかしをたてておきたいと願っている。それが生きるということだと思っている。世の中が進歩発展したのは生きてきたことのあかしをたてようとした努力の中にあったのではないか。私自身すらがたくさんの書物を書き、また多くの人びとと生きて、喜びや悲しみを共にしたのもそのためであった。

さらにまた、渋沢敬三という私にとって師表であり、指標である人の言葉と考え方を忠実に実践していくことが、私の生きていく道であると思って、今まで歩き続けた。

百姓の子として

戦争が終ったとき、もう再び戦争をしない平和な国家をつくりあげてゆくには、農業を中心にしていく以外にないと思った。そして勤めをやめ郷里へ帰って百姓をするとともに、それまで各地をあるいて世話になった人たちのもとをもう一度訪れて、その人たちの横の連絡をとりたいと思い、農閑期になるとそういう旅をつづけた。在郷の農民たちは戦争の止んだことを喜び、これからは自分たちの時代だと張りきっていた。日本の農村にこれほど活気の満ちあふれていた時代は、おそらく後にも先にもなかったのではないかと思う。当時の農民たちは先ず食料を増産すること、次に生活がいそがしすぎるのでもう少し合理的な生活を考えること、そしてもっと勉強の機会を持ちたいと希望していた。

新しい村を作るために私はそうした農民たちと徹夜で話しあったことも少なくなかった。私の夢は農業経営をもう少し合理的にし、農産物の加工を中心にしたような農村工業、あるいは農業関連の工業を農民の資本結集によって起こすことはできないものだろうか、それには農協を統合して経営を拡大し、しかも農協が今日のような半政治団体化することなく、どこまでも経済団体として活動のできるように方向づけてゆくことが大切ではないかということを説きつづけてきた。

農業経営については動力脱穀機、動力耕耘機、農薬の進歩などによって著しく省力化されてきたし、主婦たちの労力負担も、石油コンロからプロパンガスへと燃料の変化によって炊事は著しく楽になり、電気洗濯機、冷蔵庫の発達にともなって著しく軽減せられてきた。

それは戦前には考えられないことであった。それでは農民の生活はそれによって楽になっただろうかというに、決してそうではなかった。農業生産と農業生活への大きな出費によって資本蓄積は何ほどもなされなかったばかりでなく、機械化の進むことが農民生活を圧迫する方向を辿りはじめた。農民の資本蓄積による、農村工業化など思いも及ばぬことであった。中にはミカン栽培を盛んにしつつ、屑ミカンを利用してジュースをつくる愛媛県生果組合連合会のような動きも見られたが、それは特異な例で、農民の手で工業の生み出された例はほとんど見られなかった。

逆に、農業設備への過大投資のために、男たちは出稼ぎを余儀なくせられたものがきわめて多い。西南日本では、出稼ぎは江戸時代の終り頃にはすでにきわめて盛んで、私の郷里（山口県大島）の村などは天保一三年頃に、すでに五〇〇〇人をこえる出稼ぎ人を数えていたし、それは今日まで続いているのであるが、そういう現象が農業専業の水田耕作地帯にまで広がってきた。そして農耕の省力化は進んでいったが、農業経営の合理化には向かわないで、農業は女や年寄りにまかせて、男は異郷の土木工事に働いているというような例がきわめて多くなった。

政府の農業政策について見ても、農業改良普及事業などという大きな指導事業がおこなわれつつ、村の中で余った労力の有効利用については何ら考えられなかった。だからその労力が村からぐんぐん逃避していった。とくに若い人たちはサラリーマンとして農外への逃避をはじめていったのであった。

私自身をふりかえってみると、農村をあるきまわっているうちに、政府の農業改良指導組織が進んできたので、その方からしだいに手をひき、離島振興と山村振興の問題にとりくむようになっていった。昭和二七年頃の日本の島々はほんとに貧しく暗かった。九州西辺の島々ではまだランプの家が半分を占めていたであろう。定期船の通っていない島すらずいぶんあった。漁港らしい漁港すら持たない島が大半であった。そうした島々を陽のあたる場所にしたいものと仲間の人たちと苦心奔走してきた。離島振興法という法律がつくられ、民間団体の協議会も結成せられて、その世話も久しくしてきたけれど、島の生活は本土に比して決してよくなっていない。それは島を出てゆくものの割合が、本土の村々よりもはるかに多いことを見ればわかる。

離島問題にとりくみはじめた頃から山村問題にもとりくんで林業金融調査会をつくり、全国の山村の経済実態の調査と山村振興についての対策を考えてきた。

そんなことに出あるいている間に、自分の家の方は、農業収入では半年の生活もたてられないまでになっていた。田も畑もミカン畑にきりかえて、そんな状態になっていたのである。経費がかかりすぎるからである。結局、家族をつれて東京での生活がはじまるが、ではなぜそうなっていったのであろうか。

農業の合理化というのは、結局、単なる農業労力の省力化以外の何ものでもなかったのである。そのことのために、どれほど多くの設備投資をしなければならなかったことか。にもかかわらず、農産物の価格は他の物価のような上昇はゆるされなかった。それだけではなくて、むしろいつも不安定であった。とくに野菜はそれがはなはだしい。せめて冷凍倉庫を完備して流通調節をはかり、価格の安定をはかるような政策が押しすすめられていいはずだが、それすら遠い将来のことのように思われる。農業経営の拡大も地価が安くてこそ可能であるが、今日のように地価上昇がつづいていては土地購入による拡大は望むべくもない。みんなで土地を出しあって、法人化しての経営も考えられるが、日本の農地は一枚一枚の地力、水、利用度がみな違っていて、それをどのように評価するかが実にむずかしい。農地の交換分合が進まなかったのもそのためで、土地を出しあっての法人化の進まないのも、おなじ理由に基づいているようである。

結局、農業生産の省力化によって余った労力は、しだいに都市の商工業に吸収せられざるを得なくなりつつある。いわば日本の農民たちは都市資本家、あるいは政府の工業政策の犠牲に立たされ、それによって工業化が進んできたといってもいい。それは明治初年以来の政策でもあった。戦後の農民の眼の輝きは消えた。それはまた私自身の背負っている課題でもある。すでに年をとってしまったけれど、私はもう一度郷里へ帰住してこの問題について考えてみたい。今年のことになるか、来年のことになるか、あるいは再来年のことになるか。東京にいたのでは問題の所在がぼやけてしまう。

渋沢敬三先生がいっておられたことなんだけれども、宮良当壮さんが方言の調査をやりましたでしょう。あの時に、もし間違っているとしても、宮良さん一人の間違いなんだ、窓口が一つなんだから。もし間違っている部分があるとすれば、それはかんたんにおさえられる、というんですね。

民俗学の調査の場合にも、たくさんの人が調査したものを集めて、それで比較してゆくということのなかには、そのこと自体のなかにも、いろんな誤謬がはいるんじゃないか。それだから、なるべくなら一人の人の見たものが何冊かまとまってくる、ということが大事じゃないかと思います。

わたしの『民俗学への道』（著作集1）のなかにも書いとったと思いますが、五〇冊ほど民俗誌を書きますなんて豪語したのは、それなんですね。五〇冊ぐらいは書けるんじゃないかというんで、やりはじめたわけですね。それなら間違っておっても、わたし一人の間違いになるんですね。ずっと見て歩いて、この点をこの男はいつもはずして書いておるとか、ここには眼がおよばないとかいうことがわかってくるわけです。その点さえ気をつけてもらえば、使う方の側からいえば安心して使えるものになりますね、それをやってみたかったという気があるんです。

それは今でもおんなじことです。やっぱり、学説史というものは、学問を体系づけてゆく場合には非常に大事なものだし、それがなきゃいけないものだし、われわれもそれをたえず読まなきゃならないんだが、すべての書物がそれをのせる必要はないんだと思うんですね。それをやるのは、それだけを専門にやってもらっておいて、そういうことをやっている人にまかせればいいんだと思うんです。そういう形で整理されてくると、非常に面白いものができるんじゃないでしょうか。

たとえば、経済学なら経済学を見ておって、いつもわたしはそれを感じるんだけれども、種本はいつも一つですね、たとえばマルクスの……。それをああでもないこうでもないって、そればっかりやってるんだが、もし、あれを、ある一人の人がフィールドへでていって、そして、ほんとに細かな分析をした実地調査による報告書が、かりにある一人の人から一〇冊なら一〇冊出ていくようになってきたら、ほんとの学問的な体系が日本のなかで、できてきやしないだろうか、という感じがしてしかたがないんですね。いつまでたっても学説史のくりかえしでしかなく、それへ多少自分の解釈の加わったものを新説としておるわけですね。どうも、そうじゃないような気がして、しかたがないんです。なにか、その点、基礎科学にしたがっている人は、わりあいみな、そのことにいっしょうけんめいになってはいますがね。

こないだ停年で大阪大学をやめられた、小浜基次先生の『人類学研究四十年の回顧』という、先生自身が見てこられたものについて発表しとられたものを読んでみましたが、やっぱりおんなじことをいっておられるんですね。間違っておっても、それは自分一人の間違いなんだっていうようなことをですね。ずいぶんたくさん調査しておられて、データだしておられるんですが、それがやっぱり小浜さんの方法によってなされて、でてきたもんなんだから、あとで、この部分が違っている、これはもっとこう見るべきではないかという場合には、非常に簡単にものがいえるだろう、と思うんです。

それでは、ああいうふうに一人の人が全国をみて、たとえば頭長、頭幅を測定した。それが今までに一つでもあったかというと、なかった。それがあることによって、どれほど、今、それぞれがものを考える上に、役立っているか。あれを、多くの学者がばらばらにやったものを総計していったんだとしたら、ああいう結果になっただろうか。というのは、あの人は調査する場合でも、まず問題のあるところと、それから普通なら県単位でやるのを、県単位じゃなくて、もっと細かにはいりこんでやられるわけです。

戦後、朝鮮から日本へ帰ってきてやられはじめた一つの動機というのは、はじめ同和部落の調査をやっておられたわけですが、そこで非常に意外なものにぶつかったわけですね。というのは、上方のそういう部落をやっていて——上方ってところはみんな短頭型なんですが——短頭型のなかで、その部落だけがみんな中頭だってことがわかってきた。それは、むしろ古い日本人の頭の格好じゃないか。それで、ずうっと洗っていってみると、山陰は全体が中頭になる、北陸も中頭になる、東北も中頭になる。北海道まで、ずうっとそういう結果がでてくるわけです。瀬戸内海と畿内という地域に短頭がでるわけですね。そして、案外、北九州に短頭が少ないんですね。北九州などはいきなり朝鮮の影響を受けて、朝鮮の血がはいっているかというと、そうじゃないんです。

文化というものは、ある行詰りになる場所へ一番たまるものです。人間の血だっておなじことなんですね。だからこうした同和部落の問題は、たとえばそういう角度で見ていきはじめると、それ自体が実に大きな文化的な遺産といっていいか——その人たちにはかつては気の毒ではあったけれども——、日本の社会が、どのようにして構成されてきたかっていうことを、非常に深く考えさせてくれる問題になる。いわゆる俗説では、むしろ、そういう人たちが朝鮮人の子孫だというふうにいいかたをしておったわけですね。その逆だったということがでてきたっていうことは、やっぱりぼくは大きな問題だと思っているんです。

そういうことは一人がやっていったから、でてきたことなんでしょう。学説史も大事なんだけれども、学説史以上にそういう作業がなされていかないと、ほんとうの学問は進んでこないんじゃないか、という感じがするんですね。

もう一つぼくなんかのいいたいことは、たとえば民俗学なら民俗学といったところで、学問の境というものはないんだということです。それからまた、一人一人の研究法がみんな違うんだということですね。おんなじであっちゃいけないんです。だから、柳田先生がこういったからといって、そのまま受け継ぐというのはぼくはおかしいことだと思います。みんな、立場が違い、時代が違い、見る眼が違っておれば、ある大筋のところはおんなじになるだろうけれども、はしばしは、みんな違ってくるわけです。学問と学問との境というものにこだわり、これは地理学の限界でございい、こちらは歴史学の限界でございい、というようなことをやっておったら、それは、学問にならないと思うんです。

学会にでていくと、よくみんながいってるですよね、これはわたしの専門外ですがって。あれほど愚劣な態度ってものはないと思うんです。それは、自分が責任をもって研究したことではないかも知れないが、だからといって、自分が責任をもって研究したのはなんだっていうことになったら、それはおそろしく幅の狭いものになってしまいますよ。しかし、それを支えてる場ってものは、ぼくは非常に広いもんだと思っているんです。たえず、周囲のいろんな学問の助けを借りながら自分が伸びていっているということが大事なんで、両方のはしばしはあいまいであっても構わんと思うんです。そういうことに神経質になってやっていることが、むしろ、学問の発達を阻害しているんじゃないでしょうか。論争点はいつもそこに置かれているわけですが、論争点ってものは、そんなものじゃないと思うんです。

それを、今度、大学問題なんかがあって、しみじみ感じたんです。それはどういうことかっていうと、とにかく、学生の要求を受け入れるか、受け入れないか、ということについて、みなさんがたが論議しているんですね。ある誰かがものをいう、それに対して、それはこうではないとか、こうあるべきだとか、いう議論をしはじめますと、果てもきりもなくなるんですね。こうしておんなじようなことを一人一人がそれぞれの立場でものをいっていったら、多少の相違はでてくるんだから、その相違のところを、ああでもない、こうでもないといっていると、実に果てもきりもないもんですよね。頭のいい人ほど、それがひどいんじゃないですか。東大の争議ってものを見とってそう思うな。頭がいいとね、そのはしばしのそこだけをいっしょうけんめいにやっているんでしょう。あれが今までの学問の姿だったんじゃないだろうか。それをぴしゃっと切っちゃって、根本は何なんだっていうところへ戻れないんですよね。

大河内（一男・東京大学総長）さんの告示なるものを読んでみると、実に立派なことをいっているんですが、それは学生にいうことであって、自己自身が実践することではなかったんですね。

彼が実践者だったらあの問題は解決ついているんですね。枝葉末節にこだわらないで、あれほどの告示をする人が、学生にはそれを要求しているけど、自分にはそうじゃなかったんでしょう。学者だっておんなじことだと思うんです。実践者じゃないので些細なことにこだわりあいながら、自分だけはそのそとにいるっていう、非常にその感を強くしたですね。

ぼくの学校の場合だって、おんなじことだったんだが、そういう時に、そういう、果てしない議論がつづいておって、これでは三日あっても四日あっても、おんなじことです。それは問題を解決しようとする態度ではないんですね。問題解決に伴う、はしばしの問題の論議でしかないんです。だから、すぱっと切って、学生の要求を受け入れるのか、受け入れないのかということが一つ、もう一つは、いわゆる筋を通すということでストライキをながびかせていいのかどうなのか、すぐ収拾したいのかどうか、そのどちらかじゃないのかっていうことで、線をそこまで戻してくると、それはすぐ収拾すべきだという意見が圧倒的なんですね。では、すぐ収拾するにはどうするかっていうと、学生の要求を入れる以外にないんだ。

ところが、学生の要求を入れるってことになると、それには非常に大きな無理がある。とくに学校のカリキュラムの問題になってくるんで、単位が問題になる。ほかの学校とは違って、ある期間を区切って期間ごとに実技のテーマをきめて指導をしていると、その作業がその部分だけ断ち切られてしまって、それをこちらへずらすことができないということだったら、その単位だけは中途半端なものになって終って、いわゆる点にはならなくなる。点にならなければ、卒業にひびいてくるわけなんだから、それをどこで補うか。ずらしてやらないということになったら、それも日常の授業かなんかのなかで、やっていかなければならない。それは、先生方がその無理をどこで補うかで解決がついてくるはずなんですが、どうしても物理的に時間を延ばさなければならんということになると、これは学生とまっこうから対立することになるわけです。それができるかどうかで問題が残ってゆく。そこへくると先生方は、非常に無理なんだけれども、三年生以下なら、その翌年の指導のなかで、盛りこみかたによってなんとか処理ができるという意見がでてきたわけですね。それだったら受け入れたらどうだろうっていうことで話がすっとついたわけです。それには、一人一人がみんな意見をもっているんだけれども、その意見をこちら側へ包んでもらってですね、いいたいことがあるんだけれどもという線まで、一歩引き退ってこないとできないですね。そこまでいっぺん戻ってもらうことができれば話は簡単なんです。

学生だって同じなんで、自分たちの要求をのんでくれたということがごまかしであるかどうかってことは、神経質になっているんだから、かならず突いてくるんです。それは、わかりきったことなんです。それからまた、交渉しはじめた時に、お互いがイデオロギーをもっていったら絶対に解決はつかないんですね。ぼくは、ああいうものは、初めの三〇分で一切がきまるんだと思っとったもんだから、交渉の時には引き受けてでていったんですよ。そういう時には、はじめに交渉団が、学生がこういったらこういうようにというような打合せをしたんですが、ぼくはおくれて行ったもんだから、それができず、またその必要もないと思ったものだから、いきなり、そんな話やめとこうじゃないか、こちらの態度さえ決まっていればそれでいいのだから、でたとこ勝負でいったらいい、といって打合せをとめて、まあ、みんなで学生の集っているところへいったんです。

いってみて、ぼくもびっくりしたんですが、あんなに学生ってものが集るものだとは思わなかったですね。講義室いっぱいなんです。七、八〇〇人はいっとったでしょう。平生は一〇〇人ぐらいしかいないんですからね。びっしりいっぱいなんです。平生講義きいてるやつの顔がちらちら見えるわけでしょう。そうするとうれしくなっちゃったから、「いよお、集まったのお！」って笑いとばしてはいっていったんですよ。それまでしかめっつらして、難しい顔しとったんだけど、こちらが笑やあ向うだってワアッと笑ってしまったでしょう。「おい、もういいかげんにストなんかやめとけよ」っていうといて、坐ったんですよ。そうするとね、実行委員が前におりますよね、うしろは学生ですよ。こっちはその前にいるでしょう。難しい顔して坐っているやつをにやにやして顔みてると、向うだって、こんな顔しとられんわな。うしろだって笑ってる。でまあ、こちら側の決定を示しながら、いろいろ問題はある、これで問題の解決がついたとは思わない、これが問題のはじめなんだ、ここからでてゆくということが大事なんだと、交渉団長だった先生が話して、これでどうだっていったら、学生たちが確認しちゃってね、そして、すぐ話がついちゃったですよ。ついちゃったというよりも、うしろの学生が、こちらから発言するたびに手をばしばし叩いて、ワァワァやりだしたもんだから……。

しかしそれで解決したのではなくて、そこを新しいスタートにすることが必要ですね。話がうまいことついちゃったからといって、その問題をお座なりにしたら、もう、おしまいですよ。昨日も、教授会があって、準備委員会をつくって、新しい組織つくろうということになりましたがね。たとえば、かりに団交申しこんできたら、団交を受けてたち、全学集会をやるということ、それらをちゃんとぼくらは条件のなかへ入れているんです。そういうことを避けてはだめなんだ、あらゆるものを体験し、くぐりぬけていかなくってはほんとのことはでてこないんだからっていうわけですね。やっぱり、それが大事なことじゃないんですか。

そういう本質的なものと学問というものは、同じものだと思うんです。ぼくらの学校っていうのは、絵を描いたり、デザインをやったり、いわゆる実践者だから、それがわかるんですね、教授連中に。実践者じゃなくて、書物を見て、いつものを客観的に見なきゃならない訓練ばかりしていると、自分だけは身を引いて、自分と、考えていることとが、別になってしまって、分離していますよね。行為と理論っていうのが決して一つじゃないですね。そうすると、どんな小さなことだって突いてゆくようになるんですね。今度、ああいうことがあって、その点では自分には非常にいい勉強になった、学生諸君もいい勉強になっただろうと思うわけです。

みんなに言ったんですが、ぼくは教育者なんだと、みんなは勉強してるものなんだ、と。ストだって三月《みつき》、四月《よつき》やっていると、ちょっとしたズレのために、ぼくの学校だったら、三〇〇〇人の学生が、三月遊ぶことになるんですね。その間に人間的に成長するだろうか、成長するものはおるかもわからんが、それは一握りなんですね。わずかのそういうことのために大勢を犠牲にしておいて、ああでもない、こうでもないってやることは、教育者ってものじゃないはずなんだ。教育者っていうのは争ってもかまわないんだ、教育の場が生かされつつ争うのだったら、ぼくはいくら争ってもかまわないと思っているんだ。その争うことのために一般の人たちを犠牲にするのは、もはや教育じゃない、政治ならそれでもかまわないんだ。そういうことが一番中心問題になるように、ぼくは思ったんですね。

学問上のことでも、本質的な論争ってものが少ないように思うんですね。はしばしの解釈の違いってものだけが、非常に拡大せられて、それは大事なことかもわからないんだが、もっと大事なことが一つはずされてはいないだろうか。たとえば、今だって人間疎外なんてことが盛んにいわれているんだが、こういうふうに好むと好まざるとにかかわらず、メカニックになってゆくというのは当然のことなんですが、そのなかでどう対処すればよいかということは、誰も教えてくれない。

みんなが、そういう矛盾をもっているという感じがするのは、たとえば、ぼくの学校なんかでも、産学共同路線ってものをとにかくやめろというようなことを盛んに学生がいってるんだが、それでいて一番心配しているのは就職のことなんですね。そういう矛盾を一人一人が背負っているんです。先生に気に入られないと、いいところに就職できないってことが一方の極にあり、一方には産学共同路線に対する抵抗があるんです。これが、どこで接点を見出していったらいいのかというのは、本人自身の問題だったら、とっても耐えきれないほど大きな問題だと思うんですよ。それの解決をだれがしてやっているかというんですよね。

両極対立のなかで、一人一人がそれに悩んでいるって感じがしてしかたがない。学んだ知識ってものが、自分の身には直接にはついていない。なんらかの意味ではついてはおるだろうけれどもね。もっと、やっぱり、どんな学問でも本質的なものが、そこに流れておっていいんじゃないだろうか……。

ぼくの場合でいえば、結局、今までこういうこと——民俗学——をやってきたってことは、人間が生きる尊さっていうか、生きる意味ってものは何かっていうことの追求でしかないんですね。

人が、人それぞれの場において、どのように、それを処理して生きてきたかっていうこと、それを見ていくことが、この学問の本当の姿ではないんだろうか。

だから、たとえば、ぼくは伝統って言葉をあまり使わなかったんですが、かりにぼくが伝統って言葉を使うとすれば、古いことがずっと今までつながってきているという形で伝統ってことを考えたことはなかったんです。伝承という形ではそれを見てきたけれど。ぼくのいう伝統っていうのは、たとえば、かりに古いものが残ったとしていても、田楽なら田楽っていうのが残ってきているとしても、はじまった当初の田楽ではないんですよね。すっかり変ってきてるんですね。変ってきたから残ったんでしょう。

変ったっていうのは、その時代時代に対応して、変っていったんでしょう。だから次々に新しいものがでてきていますよね。それを必要とする部分のエネルギーがそれを生みだしていったんですね。そういうものが、ぼくは伝統っていうべきものだろうと思うんです。ものを生みだしてゆき、変えてゆく力ですね。それがぼくは本来の伝統っていうものだと思うんです。

いまはコンピューターなんかがでてきて、それがすごく新しい世のなかを形成してゆくもののように思っているけれども、それすらが実は積み重ねなんですよね。いきなり出たんではないんですね。なんにもないのにパッとでたんじゃないでしょ。つまり、われわれが電気ってものを見つけて、それを利用する過程をずうっと通ってきて、ここまできたんであって、やはり、そういう流れのなかに、でてきたんでしょう。

こないだも、若い人たちと対談した時に、いろいろの舞踊の名取になっている若い青年とコンピューターやってる若い青年と、そういう人たちといっしょに話をしていて、伝統っていうのは、そういう踊りを踊るようなのが伝統であり、コンピューターやっているというのは、非常に新しい、伝統的でないものだというような理解の下ではじめとらえておったようだけれども、おんなじものだっていったんです。

たとえば歌舞伎なら歌舞伎一つとってみても、歌舞伎芝居がはじめられたころの歌舞伎と、今、やっている歌舞伎とはおよそ変ってきておりながら、今や歌舞伎というものは、もう、ここでおしまいになりかけておりますね。それを要求する社会ってものが消えてきてるからなんですよね。それを一番必要とした人たちっていうのは、やっぱり町人階級だとか、芸者だとかで、今でも、歌舞伎座へゆくのは芸者だとかその旦那衆みたいのがほとんどなんでしょう。そういう社会が縮小していったら、それに対する要求が、ずうっと少なくなってくるのがあたりまえであって、それを次の世代へ継いでゆこうとしたら、もうそれではいけなくなっているにもかかわらず、そういう社会ってものが、比較的、経済的に恵まれておるから、今まで息をつないできとったんですわね。しかし、そういうふうなのは突然切れるかもわからない。もし、ほんとに歌舞伎ってものがこれからさき、生きつないでゆくとするならば、もっと大衆のなかにはいっていかなければならなかったはずなんで、それをやったのが前進座みたいなところなんでしょう。そういう、将来を見通しておったということで、ああいう運動の一つの意義があったんだと、ぼくは思うんで、そういうところでは伝わってゆくかもわからないけれども、もう特殊社会の支持だけでは消えてゆかざるをえないんじゃないんですか。ちょうど、それと同じように、どんどん、どんどん生きのびてきたものは新しくなってきているんですね。

コンピューターだって同じなんです。ただその場合、あれの比重ってものが、あまり突然だったんで、非常に驚いちゃって大きく考えられるんだけど、大きな流れのなかでは、ほんの一部分でしかなくなってくるんですね。たとえば弾薬が見つけられた時には、もう、これで戦争はなくなる、と思ったんですが、実際は戦争はなくならないで、ますます大きくなっているんです。コンピューターというものが、われわれの生活を変えてしまうように思っておるだろうけれども、それは今のわれわれの驚きであって、われわれの生活のなかへ組み入れられてみると、やはりそれは一部分でしかなくなってくるんですね。そう考えていかなければいけないんであって、それが、伝統になってゆくんじゃないですか。そういう生きかたの問題ですね。ただ、それを、ぼくらの場合には比較的古い場でとらえてゆこうというだけのことではなかろうか、と思っているわけです……。

この時代の機械文明や大衆社会の進展につれて、このあたりで民俗学の方法論を変えていかなくてはならないということはいえますね。それがこれから先の仕事になるんだろうと思うんです。それはただ古いものを追っかけていくこと、そして古いものが本当に正しい過去すべてを物語っているんだという考え方をしていると、大きな誤謬が起ってくる。それを訂正するためには、いわゆる起源論というものは、ある時期に打ち切られなければならなくなってくるでしょう。まだ今は起源論時代だと思うんです。

一番いい例は家の間取りなんかを見ればよくわかりますよね。たいてい、田の字みたいな間取りをたくさんとってきて、それを比較して、どの家が古いとか新しいとかいうことを論じているんだけれども、昔は間取りがなかったのが当り前だろうと、ぼくは思うんですがね。ああいう間取りがでてくるのは、とにかく台鉋がでてきて木がまっすぐ削れるようにならなければでてこないでしょう。曲った木を使ってる家では、こもかなんかを垂らした間じきりはあるにしても、ね。

そういうこと一つ考えてみても、わかることなんですが、比較だけで古いものにたどりつけると思いすごしているものが無数にあるんじゃないんですか。ですから、時代が下ってくるほど、そういう感覚の上の誤りってものは大きくなってきてるように思いますね。こないだも吉野の大塔村の篠原へいったんだけれども、どうして、こんなところへ住みついたんだろうっていうことがいっしょに行った若い連中のすべての口の端に上った言葉なんですね。おそらく、今のフォークロアをやってる人たちっていうのは、おんなじような感覚でものを見てるんじゃなかろうかと思ってるんです。

ところが、ぼくらにしてみると、それが今まで大した疑問でなかったんですね。ぼくらの世代の者には、ごくあたりまえのように思えていた。というのは、便利になったといいながら、戦前の都会っていうものは、まだ農村とそれほど差がなかったですね。東京なら東京の新宿から西へ歩いてごらんなさい。山中の村などとそう差はなかったんですよ。変ったのはほんのわずかの間で、その間にこんなに引きはなしちゃったんですが、また、その疑問を持たないですむ状態のなかにこちらも生きとったんですね。ところがいまは、非常に違った感覚でそういう山村というものを、みんながとらえ始めているということがいえるわけでしょう。そういうふうに物を見ていったら、また変ってきますよね。それは間違いであるとか、どうとかいう問題ではなしに。そうなってくると、やっぱり、今までの方法じゃどうしようもないわけです。やはり次々に新しい方法を見つけていかにゃならん。生みのなやみというものは、その学問が新しくなろうとすればするほど、つきまとうものじゃないんでしょうか。それは、やはり論議の末にでてくるんじゃなくって、現実にぶつかってゆく問題のなかにあるんだから……。

【追記】

この話をして三年半近くになる。その間にいったい私は何をしただろうかと考えてみる。その間に私の学校でもストライキがあった。大学立法反対、安保反対、さらに大学機構の民主化など大きな嵐が吹きあれていった。嵐が吹き荒れても、学びたい者には学ばせなくてはならぬ。自分の守備範囲だけは守りつづけてきた。学校の教師というのは渡し守のようなものかもわからない。だが、ただの渡し守ではなくて、乗っている者たちの眼をひらき、自分で船の漕げる人にしなければならない。船の漕ぎ方が悪いからといってどなり散らすだけの人を対岸に渡してしまったのではどうしようもない。ただ学校騒動以来、落着きのなくなった学生が実に多くなってきたことだけは否定できない。しかしじっくりと腰をおちつけ、物の本質を見きわめつつ、一人一人のなすべきことを実践していく以外に、自己にとって主体的な社会をつくりあげていくことはできないという感をいよいよ深くしている。

生活と文化と民俗学
――武蔵野美術大学退職記念講演――

ざっくばらんに取りとめのない話をさせてもらいます。私が、この学校に来ましたのは昭和四〇年（一九六五）四月、辞令をもらったのが三九年だったんです。二、三年たったらやめるつもりでおった。ところが、一二年になってしまっていたのです。私にとってはこんなに長いあいだ、一つの職場にいたのは生まれてはじめてなんです。とにかく大変な浮気もので、それまで転々として職を変った。変ったというより職がなかったんです。

私はここに勤めるまで一定の職業というのは、昭和一九年、二〇年に少し勤めたことがあり、それ以前には小学校の先生をしたことがある。それだけで、あとはまったく勤めたことがなかった。肩書は、日本常民文化研究所所員だったけれど、そこでも戦後は給料はなかったし、昭和二九年には全国離島振興協議会事務局長になったのですが、これも給料なしだった。林業金融調査会なるものをつくって、山村調査をやったのだが、これも給料を少しももらわない。私は給料のない生活をずうっとしてきておった。一週間のうちに、二日だけ原稿を書いて食う金をつくり、五日は、他人のことに使ってみたいというのが私の願いだった。

多くの人びとは調査活動を続ける場合に、ある目的を持って追究していく。そしてその研究を深めていく。とくに大学における研究活動をみますと、そういうふうになって発展しているわけです。そしてそれがひとつのすばらしい業績を生み出してきておる。それは東京大学を見ましても、京都大学を見ましてもよくわかるところですが、私自身はそういうような調査研究を続けたことはない。どこかで金を出してくれるとそれに乗って調査活動をします。そしてそれが終わるともうおしまいになるのです。

私自身の調査研究活動は、大変あいまいであった。あいまいであったのですが、調査の途中に調査地に御縁ができますと何年も続けていく性癖を持っておりまして、ついこのあいだも奈良県の大塔村篠原という所へ行きまして、数えてみましたら、昭和一一年から本年まで、とにかく四〇年その村と関わりを持っていたことを発見しまして、私自身も実は驚いておるわけです。相手のほうの側は、私が最初に行った家なんかはもう三代目になってきている。そういうようなわけで、私の調査活動というのは、あるひとつのことをどんどん追究していくのではなく、他のいろいろの条件の中で、いろいろ方向を発見していく。それを忘れないでいろいろ記憶しておいて、機会があるとまたそれを自分の力で徐々に研究をすすめていくというのが、私の今日までの活動の状態だった。

それでは、何を一番やりたかったのかというと、それは瀬戸内海の研究だったのです。『瀬戸内海の研究』は第一巻をこの学校に来る前に公刊できましたが、それ以後、この大学に来たばかりにその後がつながっていないのです。それで私は、まだ余力のあるあいだに大学をやめて、これから、瀬戸内海の研究を続けていってみたいとそう思っているのです。さいわい今年はその点では非常に恵まれまして、五月に開かれる民族学大会は、愛媛大学で開かれる。その時に調べたことを全部まとめて、発表してみたいと思っているところなんです。そういうことが、これから先、まだ私にできるということは大変うれしいことだと思っています。

私はここへ来て、何が楽しかったのか、何をしたのかということになると、それは若い諸君と楽しい勉強ができたことがひとつなのです。しかし私にとっては、こういう温室の中においてみますと、条件がよすぎたという感じがする。ということは、私は給料というものを長いあいだもらったことがなかった。ここへ来たら給料をもらえる。寝ているあいだにも給料というのは入るんですね。まったく不思議なのです。それまでは、働かなければ金にはならなかった。原稿を書かなきゃいけなかった。私は、金儲けがいたって下手なんです。相手が原稿料をまけてくれなんていうと、「オーケー」なんていってね。そういうことで、もし私が原稿の売り込みがもう少し上手なら、いまごろ倉が建って、大きな田地を買うてですね、百姓をやっていたかもわからんのですが、「まけてくれ」「オーケー」なんていって、食わなきゃならないから書いたんです。一冊三〇〇頁平均で三〇冊ぶん書いています。

それは、私にとって、いま考えてみると、そのほうが大事だったと思うのです。なぜ大事だったかというと、いつも自分の生活の上で不安定であるということは、自分自身がこれからさき、何をしていったらいいか、このままでいいのかという反省がたえずつきまとっていたのです。いま、人間に一番大切なことは、自分を見つめ、自分をはげましていくことではないかと思います。ついつい、のほほんと寝とっても食うことができると、なまけてしまう。私が一番なまけてきたのは自分の本業のほうの勉強をほかして、いろんな道草を食うて、わき見をするということが多かったことです。これは是非とも、諸君らにも心得ておいて欲しかったことのひとつだと思うのです。

日本という国では、長い間、封建政治というものが行なわれてきていました。その封建政治というのは、ヨーロッパの封建政治とは違っているのです。日本の封建政治というのは、一種の官僚システムだったということです。官僚システムの特色は、それぞれの人たちが給料をもらって、それぞれの地位にあって、職務を果していくことです。大名でも転封、転任があったのです。大名の国替えというと、家臣が、皆が引越していきます。その武士たちは、禄高か米をもらってお る。そういうような給料をもらってそれで生活をしている。家柄であるとか、あるいは肩書であるとか、そういうようなものによって支えられておった。それが日本の封建制であった。明治になってきますと、そういう制度がかなり破られたとみられるが、ほんとうは破られていなくて、そのまま封建制度を受けついできておる。日本では肩書がものをいうということは、それは家柄がものをいうのと同じだと思うのです。これは、日本に古い封建的感覚がなおこわれないで残っているためです。とくに、最近になってみますと、代議士なんかも二世時代になってきている。鳩山さんの家なんかもう四世代になっている。世襲になってきている。これが果してほんとうの民主主義だろうか。日本それ自体がもう一度封建時代へ逆もどりしつつあるということを十分認識していただかないと、大きな問題になってくると思うのです。

民主主義とは、いったい何かというと、個人が個人に属する権利だけを守っていくことではなく、個人の権利が守られるような社会をつくっていくことに皆が努力することだと思います。それがすでに失われつつある事実を反省しなければ、日本の民主主義は守られないと思う。私がここで民俗学を講義し続けてきたのはそこにあったのです。

ということは、実は民俗学という学問は柳田先生によってはじめられ、そして折口先生によってさらにそれが発展せられた形をとりました。その当時の民俗学というのは、われわれの今日持っているひとつひとつの慣習が過去において、その一番はじめにおいてどういうものであったか、過去に遡っていくことだったのですが、過去から現代に下ってきて、われわれはそれをどのように受けとめてきたか、それが大事な問題になってくると思うのです。つまり過去の生活を現代の生活がどのように受けとめて、そして今日のわれわれの生活が成り立っておるか、過去一二年間、この学校で私が講義をし続けてきたことはそのことだったのです。

そういうように見てきますと、ひとつひとつの民俗的事象は、随分消えていっております。お正月の行事にしましても、あるいはお盆の行事にしましても、昔の行事というのは、うんと少なくなってきている。しかし、そういうものは消えていってもわれわれの中にある。この、血といいますか、血というよりやはり慣習ですね。文化というのは本来後天的なものであって、生まれてから後々われわれの身についたものである。その後からついたもの、それは実はその前の時代にあったものを受け継いでいる。

たとえて申しますと、今年はまだ統計を見ておりませんけれども、昨年、お正月の初詣でをした人は二〇〇〇万といわれています。この二〇〇〇万という数は、実は日本の総人口の五分の一がお宮に参ったということです。われわれは無信仰だというけれど、実はそうではない。宗教的慣習によってわれわれの生活が支配されておる。それが民俗ではなくてなんであろう、そういいたいのです。

あるいは、お正月に皆さんが帰省する。今年は、汽車を利用する者が割合いに少なかった。割合いに少なかったから、郷里へ帰る人が少なかったかというと、実は多いのです。みな自動車で帰りはじめているでしょう。遠距離ならば自動車のほうが得になります。ついこのあいだも、私の友達が神戸に行きました。夜いっしょに話をしていて、これから行くんだと。で、どうして、今から汽車あるのか、それとも夜のドリームバスかといったら、そうではない自動車で行くんだ。三人乗って神戸までいくと八〇〇〇円で行くのだから、一人の負担が約二五〇〇円にしかならないんだ。つまり自動車が利用せられるようになって、郷里に帰る人たちが非常に増えている。私の生まれたところは山口県の大島という島ですが、人口が三万五〇〇〇ほどしかおりません。本籍人口は八万なんです。ところがここに橋がかかりまして、今年の冬なんかはだいたい五万くらいに膨れあがっている。一万五〇〇〇くらいの人が、ほとんど自動車で国へ帰っている。

郷里に帰るということは、われわれの目に見えないところで拡大しはじめている。それも今までは盆と正月であったのが、たとえば、中国山地なんかの場合には、お祭りに帰る人がすごく増えてきているのです。一方では過疎、新聞では過疎を書きますけれども、現実としては、必ずしも過疎ではない。そこに家があるということで、正月、盆、祭りなど、みな帰りはじめている。それは過去におけるひとつの出稼ぎ形態の延長とみていいのではないだろうか。諸君がこれだけ東京に来ている。しかし、諸君らの家で果して東京にどれほど墓場を持っているだろうか。人口は増えても、墓場の面積はそれほど広くなっていないのです。青山から多摩霊園ができ、小平霊園ができておりますが、人口一〇〇〇万をこえる町の墓場としては狭すぎるのです。これは多くの人たちがなおその郷里に墓を持っているということです。そうすると、よくいう本貫の地というのはどこだというと、やはり田舎だということになる。

日本の都市の一つの特色は、その都市にその人たちが全部腰を落ち着けて生活するのではなくて、郷里に依然として本貫があって、そしてこの東京に住んでおる。それを言い換えると、東京という都市に現在一〇〇〇万おるうちの五〇〇万くらいは、なお郷里に片足かけている人だとみられておる。東京というのは、皆が出てきて、若いときを思い切り働ける出稼ぎの場所である。その中から定住がはじまっているとみていいのではなかろうか。昔のままの姿がそこに残っておる。それはやはり民俗の問題として取り上げていかなければならないことだと思う。それらの人が、皆、田舎から東京に出て定住してくれたのならば、農村の問題はもっと簡単に片がつくはずなのです。

どういう点が片がつくか、それはそこにある土地を売ってくるはずなのですが、今日出てきている人たちが郷里の土地を売って出ているかというと、それはほとんどないのです。田圃をつくってくれる者がなければ、そこに木を植えはじめる。さきほど申しました大塔村篠原という所に行ってみますと、最初に私がそこに行った時に約八ヘクタールの畑があったのです。今、行ってみますと二ヘクタールしかありません。そして六ヘクタールにはもう杉が植わっているのです。その土地を持っていた人が売らないで木を植えつけていって、もう一度そこに帰ってこられる余地を残しておる。日本の都市とヨーロッパの都市の大きな差はそこにある。われわれが都市をつくるとしても、そこに住む人たちに永住の気持が少ない。そのはじめは、皆、仮住居のような気持でいる。ただ住めばよいということから公共の場所が非常に狭い。たとえば広場だとか森だとかいうものは、東京の町の中からしだいに姿を消している。そこを安住の地、永住の地としようとするならば、まず自分たちの住む環境をどうすればよいかを考えるはずです。

日本における都市問題がどうしても解決がつかないというのは、最初からそこに住みついてそこを自分たちの理想の世界にしようとする人たちが少ないということにあるのです。その問題を解決せずして都市問題を論ずることはできないのです。民俗学の問題はけっして小さな問題ではないのです。そういうことについて、われわれが土地にどれほどの執着力を持っておるかというようなことをまず確かめていくことが解決の糸口になるのではないだろうかと思う。建物を多くするとか、多くのアパートをつくるとか、そんなことで解決するはずはないのです。こういうようにしてこの根本問題を人間の生き方、生きざま、そこへ戻していってみますと、意外なほどわれわれは古いものにかまけて生きているのです。

もっと不幸なことは、たとえば、われわれはそれぞれ地方において、小農というか、小さな農業を皆営んできており、その子孫なのです。つまり、日本のひとつの特色というのは、小土地所有と家族単位の経営で、それが社会的な慣習になっています。制度ではありません。制度というのは条文化せられてそれを守っていくものが制度なんです。慣習というのは、そういう条文をもたないで、お互いの約束ごとの中で生きていくことが慣習です。そうすると、われわれが小さい狭い土地を持って、それを経営していくというのはひとつの慣習である。その慣習が東京では今も生きている。

たとえば、私なら私が東京に住もうとすると、自分の家を持とうとする。それには必ずそれに伴なう土地を買わなければならない。もしこの土地は別であって、家だけ建ててそこに住むということができるとするならば、今日のように一戸建て何千万円というような家は、買わなくてすむはずです。建物そのものはそれほど高くない。借地というものが、東京ではほとんど通用しない。それは、小土地所有という慣習がわれわれの体にしみついて、どんな狭い土地でもそれを自分のものにして、そこに家を建てないと住む気がしない。土地を小さく区切って家を建てて住む。それが東京を中心に関東平野にこれほど家を建てさせてしまった。土地と住家が切りはなされるものなら、もっと秩序ある町がつくられたはずです。

そういうことひとつをとってみましても、われわれが解決していかなければいけない問題が無数にありながら何ひとつ解決していないで、前進しているのが現状なのです。これをまっ正面から取っ組んでいく。そこに学問の意味があるのではないかと思う。

ところが日本というのは、大変情けない国なんです。ということは、ひとつの学問が発展していきますときに、それがひとつの学派として成立することがきわめて弱いのです。学派というのは、その方法論によって形成せられて体系化していくものなのです。ところが、日本の場合は学閥が発達しているのです。学閥というのは学派ではありません。一人の親分がおって、そしてそれが手下を集めて、グループをつくっていく。そして政治的な力をもっていく。

日本には学閥は至る所に見られます。たとえば、今日続けられております耶馬台国論争なんていうのは、それが一番いい例だと思います。東京大学は北九州を主張している。京都大学は近畿を主張している。相譲らず、いまもってやっております。いろんな言い方はありましょうけれど、二つはないはずなのです。でもそれがこれから先、どういうふうに発展していくかわかりませんけど、ある学説がでますと、みんながその回りにずうっと寄っていきます。近ごろは北九州説が大変盛んになっていますから、皆そのほうに寄っていく。そうすると非常に大事な問題でもそれで見落とされてしまう。

たとえばその中で、私が興味を覚えておりますのは、小林行雄という京都大学の講師だった考古学の先生が、魏から贈られた鏡が、今日どのように残存しているかということを基にして、非常に綿密な研究をしております。それによると、京都の南の大塚山古墳を中心にして、二十何枚という魏からきたと思われる鏡がでている。それが彷製、その形を似せてつくる。あるいは同范鏡、それを基にして型をつくって銅を流しこんでつくる。そうすると同范鏡ができるわけですが、そのような鏡の分布を、きわめて細かく調べあげてくれたデータなどが出ておるのですが、ほとんどその論争の中で取り上げられない。これはけっして学派的な活動の結果とはいえないと思うのです。

ほんとの学問ならばそういうようにでてきた優れたデータが、当然取り上げられるべきだと思うのです。こわいことは、自分らに都合のいい説だけをとってくることなのです。耶馬台国はどちらだときめてかかるのではなくて、多くのデータをつみあげてゆくことによって発見できるものではないでしょうか。そのようにしてはじめて学問は成り立つんです。

私はこの学校に来まして、どうしてもやってみたいと思ったことは、ひとつの新しい学派をつくってみたいことだったんです。その新しい学派は、どのようにしてつくりあげていったらいいだろうか。ここに集まっている諸君らは的確に物を見る目を持っている人たちだ。絵を描き、デザインをする。それは非常に優れた目を持っている。私はそれにしばしば驚くことがあったのです。つまり物の真価をみることができる。これをもとにして、ここに新しい学風が起ってきていいのではなかろうか、そう考えたのです。それにつれて私は、この私自身が民俗学をここでやっていることから、有形民俗学、それを組織化していくことが大変大事なことだと考えるようになりました。

有形民俗学の一番基本になる問題は、まずなによりも技術を明らかにしていくことです。一人一人の人間の持っている生活、あるいは生産の技術を明らかにしていく。それらが蓄積せられて噛み合った姿が文化であるわけなのです。そしてその文化によってわれわれの生活が構築せられておる。技術、文化、生活、この三つのものを見てゆくことが大変大事なことだと思ってきました。そして、生活文化研究会をつくったわけです。実は、学生諸君から、ぜひこの学校の講義以外に、自分らが勉強する場をつくって欲しいという要望があって生活文化研究会は生まれたのですが、それが今日まで続いてきたわけです。

そして私は、これは少し変っている、つまり独自な眼と追究力をもっている諸君に浪人しろと勧めた。そのようにして、浪人させたものが二〇人ばかりおるんです。大学の先生が就職もさせないで浪人させるのはもってのほかだと思いますが、連中は、喜んで浪人してくれたんです。私はこの学校に勤める前、長いあいだ浪人していた。浪人してもどうにかめしを食えたのだから、君たちは私よりもうちょっと生きることがうまいのだから浪人しろと浪人させてみました。なぜ浪人させたのかというと、われわれが就職するということは、それで大きな制約を受けてしまう。その制約の中で行動する。自分に独自の考え方があっても、それを発展させることがむずかしくなる。発展させていくなら、やっぱりそれを追究していく態勢が大事なことになってくる。幸いにして諸君は、アルバイトをしてなんとかめしを食うという道を見つけて、自分らのやりたいことをやりはじめた。

そしてそのやってくれていることで、とくに私が興味を覚えたことは、ひとつのフィールドにいつまでも食いついていることです。一般にやっている人はつまみぐいが多い。つまみぐいということは、自分の好きな所だけ、あっちこっち行って調べて、そして論文と称するものを書いている。それも学問でしょうが、本来、民俗学という学問は、実は、人間関係あるいは技術がどんなふうに絡み合っているか、その事実を見ていくところの中にあるわけなんです。それなくして民俗学は学問としてなりたたないはずなのです。

たとえば、マイクならマイクというひとつのものがあります。マイクを調べていく、それはもう民俗学ではなくなっていく。しかしマイクが人間と結びついていく、それにはどういう場が必要になるのか、あるいはマイクがどうしてここまで発達したのか、そういうことを追究していきますと、われわれ全体の生活がそこに浮び上ってくるわけなのです。

例を過去にとってみます。壱岐島に、「ふれ」という地名がたくさんあります。どうして「触れ」というのか、これは朝鮮語の村落のフウーリーからきたのだといわれております。それもそうだと思いますが、しかしわれわれは「触れ」として受けとった。実は、あのあたりでは村人に意志を伝えるために高いところに上って「おーい」と声をたてて村中に「今日は網を引くぞ」

「今日は道路の修繕をやるぞ」とか、そういう触れをする。その声の響く範囲がひとつの範囲になっている。これを「触れ」という。そのような「触れ」は壱岐だけではなかった。北九州の各地にかつては見られた。声のとおる範囲が一つの結束をする。これは非常におもしろい問題で、そこにコミュニティが成立する。お互いがどのような範囲で結束し合ったかという問題にまで展開してくるわけですね。つまり、われわれがどうしてこの社会というものを構築していったか、このマイクの中にそういう問題が潜んでいるのです。そういう問題を追究していかないとマイクの問題もわからないと思います。ただマイクだけわかったということでは意味がないのです。

村落生活の中でお互いがどんなに絡み合っているのか、都市生活の中でどんなに絡み合っているのか、それを見ていくためには、構造的に物をとらえる以外にはとらえようがないということになる。どこかに見落としがでてくる。自分に都合の悪いことは除外してみるのではなくて、都合の悪いことも、抱え込んでみる。そういう目を持たないと、本来ものの姿というのはわかってこなくなるはずなのです。ここにそのひとつの方法として形のあるもの、形を構築していくものを、この学校のようなところで研究を進めていくということは、意味のあることだろうと、そう考えたのです。

ところがこの大学は、民俗学は教養課程にあって、専門課程にはないのです。それを専門的な学問体系にしていくことはむずかしい。われわれが一生懸命講義をしておっても、それに諸君らが一生懸命ついてきたからといって、それでめしが食えるようなものになる気遣いはまずないのです。めしが食えることでもって専門課程は成り立つのです。めしの食えないあいだは教養なのです。そこで私は、なんとかしてめしが食えるようにしたいと、いいかえると、これをなんとか専門課程に准じるものにしたいというのがこの学校に来てからの念願だった。やっと民俗学で学芸員の資格がとれるようになりましたので、これでようやく民俗学も、ここでは専門課程に准ずるところまでやってきたという感じを持っております。

それは同時に、先ほどの有形民俗学につながるものだと思っております。文化を絡み合うような形でとらえるということは、実は一人ではできないのです。多くの人が力を合わせて、チームワークでもってやっていく必要があると思っています。チームワークを諸君に勧めて、それによってここでの実地調査というものが発達をしはじめたわけです。

ここにだいぶそういう仲間が集まって来ております。そういう人たちをあまり誉めると有頂天になって具合が悪いと思うのですけれども、たとえば、佐渡を調査した真島君のグループ、これは今日も解体しないでなおも続いております。それから、福島県大内の調査をやった相沢君、それから須藤君、今日皆、いずれもここに来ております。

その人たちは、それぞれ仲間を組んで一つの地域を実に丹念に見ているのですが、この丹念に見ていくいき方というのが、並はずれていたといっていいと思います。とくに真島君の佐渡の小木町宿根木、琴浦の調査などというのは、住居の一つ一つの部屋に置かれているものまでことごとく実測して書き込んでいくという、大変な作業をやってくれております。それは頭では考えられることであったけれども、実際には不可能であると思われていたものを、その地域の部落の一戸残らずそのように記録してくれたわけです。これが私にとっては非常に大事な問題になってきた。われわれの生活がどのように組み立てられておるのかを見ていく場合に、これなくしては論じられない。

とくに大事なことがあるのです。そういう物が部屋の中に雑然として置かれておる。雑然として置かれているということは、いかにもだらしないように見えるのですけれども、日本の住まいというものがそうさせていたということになるのです。なぜかといいますと、日本の住まいの中に、物を貯えて置く、物を整頓して置く場所は、大きな家はともかくとして、民衆の家にはなかったのです。押し入れの発達は新しい。物を入れて置く部屋は一カ所だけあって納戸といった。そこにみんな放り込んだ。主人夫婦もたいていそこに寝た。だから、納戸が同時に寝床であるというのが日本の家の普通の姿であった。

なぜそんな住まい方をしたのかと申しますと、それはたくさんの事例をあげてみるとわかるのですが、日本に火事が多かったということです。今、だいぶ減ってきていますけど、木でできた家は、よく焼けるものです。焼けることは一番こわいことなんです。その時に家具をとにかく外に放り出す。なぜ火事が多かったかというと消防作業が日本ではほとんど発達しなかったのです。せいぜい桶で水をぶっかける程度なのです。火が燃え盛ったらそんなもので火は消えません。ポンプはないのですからね。日本の消防というのは、明治の中ごろまでは破壊消防だったんです。火が大きくなると風下の家に行って柱を切って鳶口でもって柱を引いて家を倒したものです。倒して火道を切る。そして延焼をさける。そういう消防だったんです。だからその消防に携わる人をわれわれは「鳶」といったでしょ。鳶口を持っている人たちなのです。今のような消防が発達するのはきわめて新しいのです。そういう中で、われわれが持っている物、それを一番早く外に放りだせる所へかためておく以外にないのです。それが納戸を発達させたのです。火事が少なくなるにつれて押し入れが発達するのです。われわれが箪笥を持ち、長持を持ち、しだいに物を整理できるようになったというのは、それ自体が日本の文化の発達の跡をたどるものなのです。

したがって、そういうことを具体的に知ろうとするならば、具体的にとらえるほか方法がないのです。真島君たちの仕事はそれをやってくれたんです。自信を持ってこのようなことを諸君らに話ができるようになったというのは、実は、宿根木の徹底した調査が、私にそれをいわせるようにしたのです。そうでなければ、推定でしかものが話せないはずなのです。

そのようにわれわれが具体的に、しかも構造的にそれをとらえていくことによって、こうであろうとか、ああであろうとかいうことでなくて、これはこうなんだというように断定できるものがこれから先、たくさんでてくるはずなのです。そういうものが学問というべきものだと思います。だろうで通っているあいだは、とにかくちっとも変りません。そしてそれが、多くの人たちが心を合わして調査していく中から生まれてくる問題だと思います。それができるのがここの学生諸君だと思います。そしてそれによって私は、新しく有形民俗学の分野をつくり上げることができるのではなかろうかと、そう思ってきたのです。

ここにそういうことを基にした研究のシステムがつくられてよいわけなのですが、それがなかなか容易ではなかった。そういう人たちがあるレベルに達するまで育ってくれないと、実は、こういう人たちがおりますということを外に向っていうことはできないのです。この学校は、もともとは、ひとつの技術学校です。技術を身につける所なのです。それだけに学問に熱中する人を育てるということは、非常に難しいことだったのです。私はそれを一〇年かかると思っていました。はたして一〇年かかったのです。一〇年かかって今日に至りまして、ようやく学問をおもしろがる諸君がでて、ものをいってもけっしてそれがあて外れのことではなく、りっぱな学問的意味を持つようになってきた。そう自覚するようになりました。

五年前に、早稲田大学の吉阪先生をはじめとしまして、川添登さん、あるいは京都大学の人びとと、日本生活学会というものをつくりました。これは、今和次郎先生がまだ御存命の時に計画したもので、ぜひともそういう学会をつくろうではないかという集まりをしたのですが、なかなかうまくいかないでそれに至らなかった。先生が亡くなられてからのちに、ようやくスタートをきることができたのです。小さな、ささやかな学会ですけれども、大変いい方がたくさん会員になっておって、しだいにその動きが活発になってきつつあります。このグループへ武蔵野美術大学で育った諸君が入っていて、はじめて研究発表をやった。そして、この学会の今和次郎賞の第一回を真島君のグループがもらったのです。私にとって、これぐらいうれしいことはなかったのです。つまり、武蔵野美術大学という大学のしかもその専門課程ではなくて教養課程の民俗学、そのグループが、第一回の今和次郎賞をもらってくれたということは、少なくともそこへ集まって来ておる三〇〇人近い会員が、りっぱな学問的業績であるということを認めてくれたのです。これは、私にとって大変うれしいことであったのです。

つづいて去年、研究論文集を生活学会から出してもらいました。『民具と生活』ですが、これは、全部この武蔵野美術大学の者たちで、私と真島君と相沢君と須藤君、それから村山さん、それだけで執筆したものです。それはそのまま皆に見てもらっても、十分価値をもっている高さにまで達しておるのです。私の願いは、そういう人たちがこの学校で育ってくれて、生活学会だけではなくて、京都大学のグループなんかとも対等に学問的なつきあいのできるようになることを願っています。

おそらく、もう二、三年たてば、ここを出た諸君が学会でみごとな活動をしてくれる日が来るのではないかと思っています。その時にはじめて、ひとつの学風というものが体系的に成り立ってくるのではないでしょうか。やはり綿密に物を見、的確に物をとらえる。物を通して見ていく、そこに新しい一つの方法論が成り立ってくるのではないかと思うのです。

その方法論というのは、いったい、どういうものであるかということになります。たとえば、陶器なら陶器があります。その陶器の多くは美術品として見ておったわけです。しかし、その美術品である前にわれわれは、それを実用品として使ったはずなのです。実用品として使うには、その実用とはいったい何だったんだろうか、それを追究していくことがまず必要になると思うのです。それには、ただ陶器をひとつとって見ましても、格好がいい、あるいは、これを売買すればいくらで売れるとかいうことを越えて、そういうものをいっさい捨象して、そのものがわれわれの生活にどんな意味をもっているかを見ていくことからはじめなければいけない。

そうしますと、実はそういうこの陶器類をひとつやふたつ集めてみるのではなく、できるだけ多く集めてみる、多く集めることによって、われわれは、陶器の持つ意味を明らかにすることができるのではなかろうか。そう考えまして、やはり、この大学を出た、神崎君というOBに陶器をずっと追跡してもらった。彼は日本の隅々まで歩いて、上手物《じょうてもの》ではなくて、下手物《げてもの》の陶器をすでに一万点以上集めております。コレクションとしては日本では一番です。それほどのものを、われわれの仲間はすでに集めておるのです。それを通して、日本における陶器というものの意味をはっきりつかむことができるように思います。

今日も講義の中で話をしたのですが、たとえば、なぜ、狭山地方にこれだけ茶畑が発達したのか。茶は古くは江戸付近ではつくられなかった。そこで関東の人たちが茶を飲もうとすると宇治の茶を持ってくる以外にない。宇治の茶を持ってくるには焙じて、すでに製品になったものを運ぶ。そのためには、それに湿気が入ってはいけない。乾燥したものを密封されたまま持ってこなければいけない。そこで茶壺が発達するわけです。今ならば内側に錫を敷いた箱の中に茶を入れて持ってくることができます。最近は錫ではなくビニールみたいなものに入れて送っておりますが、それが古い時代には、そういうものがないのですから、湿気を遮断するものは陶器であった。そこで、茶壺に入れて船でもって江戸まで送ってきた。その茶を江戸の人たちは飲んだ。

ところが飲んでしまうと、茶壺が空くわけです。空いてそれをもう一度船に積んで宇治まで持って帰るかというと、それには少しかさばります。割れる心配もある。そういう茶壺が江戸にはたくさんふえてくる。その茶壺を利用して狭山の茶業が発達してくるわけです。つまり、江戸付近でも盛んに茶をつくるようになる。このあたりの茶畑の発達はそれに由来するものなのです。茶をここでつくって、そしてその壺があれば入れることができますが、茶壺のないかぎり茶を乾燥したまま運ぶことができない。すると茶業などは発達しようがないわけです。自家用はともかくとして、茶を植えただけで茶業が起こるものではないのです。茶壺がここで利用せられることによって江戸まで持っていく、江戸とのあいだは近いから、空になった茶壺は茶業地へ返すことができる。環流作用がここでは見られるのです。距離が遠ければそれはできない。こうして狭山の茶業というのは発達しはじめた。

ところが江戸というのは、人口一〇〇万にのぼる大きな町なのです。そこで茶を飲む者も多く、茶が売れはじめると信楽からきた茶壺だけでは足らなくなります。そこで信楽の陶器の職人が関東に下ってきて、そして陶土を探して焼きはじめたのが笠間焼なのです。さらに笠間から分かれて飯能焼、益子焼ができるわけなのです。もし茶壺が関東にこなかったら、関東における陶器というのは、こういう発達をしたかどうか。

関東における茶業は、こういうように発達してきたもので、茶を送ってきた壺を送り帰すことができなかったということが、ひとつの契機となっています。それではそれだけで茶業が発達してきたかというと、理由はいくつもあります。そのひとつはこの武蔵野台地は、かつてほんとうに草野であり、茅場であった。そして狩り場があった。このあたりは尾張の殿様の御鷹場であったのです。これをもうすこし西にいきますと、狭山丘陵から向こうは将軍家の御鷹場であった。それから、ずっとこの東のほうに行って、今の吉祥寺の付近、井ノ頭公園のあたりも、将軍家の御鷹場であった。その御鷹場やさらにそれからずっと北に広がる北武蔵野、これが開墾せられますのは、将軍吉宗の時なのです。

今から二〇〇年ほど前、将軍吉宗というのは大変なワンマンであったからして、むやみやたらに開かせまして、武蔵野台地というのは、ほとんど木がなくなってしまった。そうしますと風が吹く、黄塵万丈というか、諸君はこれから先、風が吹くと空が黄色になるのを知っているでしょう。あんなものではなかったのです。もっとひどかったのです。そこでこの台地には人が住めなくなって、たとえば小川新田、今の小川町は最初に開かれた時には家が二〇〇軒あったのですが、七三軒までが逃亡しているのです。その逃げだした人たちを、この土地に返してもう一度百姓をさせるようにしたのは、ずっと南のほう、現在府中市の押立村の川崎平右衛門という、名主だった人が幕府に登用せられて、新田方、新田世話役方というごく身分の低い役人にせられる。そしてこの平野の耕地を整備するのに努力して変ってきはじめるのです。まず欅を植え、竹藪をつくる。同時に畑のあいだに茶を植える。これが風害を防ぐ一番いい方法であった。今日の武蔵野の風景というのは、実は、農民の手によって、そこで苦心して働いた人によって生みだされたものだったんです。それを、また今、壊していっている。

そういうようにしてこの平野がもう一度活気あるものになっていった。その古い木が、今でも上水の道をあるいていると、残っています。あそこにある一番古い木が、だいたい二〇〇年たっている。どんぐりのなっている木がありましょ、あれでだいたい二〇〇年たっているのです。つまり、川崎平右衛門が皆といっしょになって木を植えたその木が今でも残っているということなのです。また農家の屋敷内に見られる一番大きな欅が、だいたい二〇〇年たっている。同時に川崎平右衛門が小金井堤の桜を皆といっしょに植えるのですが、今日ほとんど枯れておりますけれども、あれもやはり年数が二〇〇年足らずなのです。風景の中に歴史があるのです。そして同時に風景がつくられているのです。武蔵野の風景というのは、けっして自然そのままではないのです。人間の手によってつくられた風景で茶畑もそのころから発達します。このふたつの動因によって茶が関東で広くつくられ利用せられるようになってくるのです。

そういうようにして見てきますと、まだわれわれの周囲には、われわれにいろいろな反省を与えてくれる材料が無数に残っているといってよいのです。そういう中で東京という町は発達していっているのです。原因はひとつではありませんが、茶がこれだけ植えられるようになるまで、いろいろなことがあったのだとわかっていただけたと思います。陶器の歴史は、単に陶器だけを追っていくのではなくて、それにつながる生活を見ていくことによって、いろいろのことを発見するのです。

陶器をただこれを趣味で、あるいは、美的に見るということ以外に、いろいろの問題があるように思うのです。私の師匠の渋沢敬三先生は、非常にいいことをいってくれております。たとえば美術品は美術品として、それ自体、非常な価値を持っている。また一枚の絵を見て、その絵のよさ、あるいはその絵の深さ、そういうものに感動します。しかし民衆のつくり出したものは、ひとつ見ただけでは薄汚いが、たくさん集めてみますと、それが不思議な力を持ってくる。それが胸に迫ってくるものがあるといっています。それが実は、民衆の力というものであろうかと思うのです。そういう美もあるのだということを諸君らに気づいていただきたいのです。

先ほど申しました佐渡の宿根木には民俗博物館があります。ここで体験したのですが、この博物館へたくさんの人が見に来ます。一年間に五万ぐらいやって来ている。団体で来ることが多い。最初に、もと体操場だった所に大きな民具類がたくさんおいてある。あまり整理もされていない。が、まずそれを見る。そこに入った時に、ほとんどの人が、異口同音に〝ワッー〟というのです。驚くんです。博物館を見に行って、入口でワッーというのを皆さん聞いたことがありますか、圧倒せられるのです。民具は、ひとつだったら絶対に圧倒せられることはないのです。それから、すぐれた美術品が並べられていても、諸君らはめったに「あッ」とはいいはしないのです。民衆の持つ力というのは、それがまとまってひとつになると不思議な力を感じます。それは、それらを生み出し、つくり出し、使った人たちがあるひとつの共通した意思を持っているということなんです。それにわれわれはぶつかるのです。その時、はじめて民衆のエネルギーをわれわれは感じるのです。

それから、その圧倒せられるものは何であるかを考え直しはじめるわけです。ものを集めてみると、このことがわかってまいります。われわれが願っていることは、実は何であるかと、ひとつひとつをたしかめるだけでなく、それらがどんなに絡み合ってわれわれの生活を構成しているか、またそれがどんなエネルギーを生み出しているか、その事実を見ていこうとすることなのです。そこに、これから先の新しい学問のあり方があるのではないかと、そう考えます。そうして、それはそのまま、現在につながるものでないかと思います。

現在、われわれが一番必要としているものは何であるかというと、共通した意思のもとに、われわれが住むのにふさわしい社会をつくりあげていくエネルギーとエネルギーを持つ構造を見ていくこと、これが今日われわれに与えられている根本問題ではないかと思います。それを見出していくことが、何よりも大事なことであるとともに、それなくして、われわれの生活の本当の安定というのはないのではないだろうかと思います。そういうものを民衆の生活を通して見ていく時にはじめて、民衆の実態が発見できるように思うのです。それが、わずかばかりでも、今日この学校に学んでいる者、および卒業した諸君によって方向づけられはじめておるということは、私にとっては、この上ないうれしいことなのです。このような人たちが、できるだけ、このような学校の中に育っていってほしいと思います。

今、この大学に学生が三〇〇〇なんぼかおるといいます。それらの人たちがすべて、美術家になり、あるいは創作家、デザイナーになっていく、そのことも大変大事ですが、同時に、民衆文化の価値をほんとに見つけていく人がぐんぐん育っていくことを、私は希望してやまないのです。いろいろな人がここで学んで、いろいろな人がいろいろの発見をしていって下さっていいのではないだろうか。一方にそれがあることによって、創作活動も単なる思いつきではなしに、ある流れがそこに生み出されていくようになるのではなかろうかと、そう考えるのであります。しかも、この学校の場合には、諸君ら全体が創作活動を担おうとしている人たちなのです。そうした中に学問的な研究活動が存在する。

たとえば、考古学の関俊彦先生がよく話をせられるのですが、ここへ来て学生諸君の考古学のイラストなんかを見て、非常に驚嘆して、これがもうちょっと生かされる場というものは、ないだろうかと。それをちょっと具体的に話をしていきます。

今まで考古学の場合には写真とか、あるいは測図、つまり出土品を測ってきちんとした図を書く、そういうふうにして論文が形成せられております。ところがその絵は必ず真横からみたとか真上から見た、いわゆる平面と立面とがとらえられて描かれておるのが普通なんです。物を測定していくには、それでよいと思います。しかし、それだけ見ていると、その物の持つ形体的意味が案外わかってこないんです。今日までの考古学というのは、この辺で足踏みしておりました。ところがここの学生諸君だと、土器なら土器を、土器としてとらえてくれる。土器の意志や感情をとらえてくれるというのは、大変ありがたいことなんです。今まで土器の持つあるバイタリティは容易に表現できなかったのですが、土器としてとらえると、それができてくるわけです。それによって、ある時期にどうしてこんな土器をつくったのかということの解明の手がかりが得られます。それは今日の生活へもつながってくるものがあるはずなのです。

昨年のことだったんですが、神奈川県町田市の小さな遺跡を掘りまして、その地主の方から少し金が出たというので、ほんの少々変った報告書を書いたんです。その報告書には、考古学的な発掘経過報告だけではなくて、現在、そこに住んでいる人がどんなふうに住んでいるか、それ以前に住んだ人たちがどんなふうに住んだのか、そういうものを調べてさらにそれを図にして加えてみました。これは、ある意味からいうと考古学では邪道だと思います。邪道だと思いますけれども、それをやってみました。そうすると、その中からわれわれはいろんなことを学ぶことができた。というのは、人がどういう所に住みたがっているのか、現在までずっとつないでみるとわかってくるわけです。

昔、人が住んだような所は、今もやはり人が住みたがっておる。それじゃあ、ある時期に人がそこに住まなくなったというのはどうしてだろうか。水の関係であったと思う。どんな所へでも水道で水が引かれるようになると、みな丘の上に家を建てはじめます。もとは、水がなくて住むのに都合が悪かった。さらにそれ以前の場合はどうだったかというと、どこに住んでいても、水というのは、汲みにいかなければいけなかった。だから住むのに多少条件のいいところなら、水源が遠くても住む、そういうことがあった。

そのうち水道が発達するようになった。そうすると、水道の恩恵をうけるところでなきゃあ住まない。最近になると、水道はどこへでも引かれるようになった。それで、そのあたりの丘陵全体、家で埋まるようになった。その丘陵を掘りかえしてみると、たくさんの遺跡がでてくる。水のない所でも家を建てて、谷まで水を汲みにいった。谷には湧水がある。湧水を中心に周囲の丘に住んだ。古い時代には、一日に使う水の量はしれておったのです。まず風呂に入りません、洗濯しません。そうすると、われわれが使う水というのは、飲む水、めしを炊く水などで、二荷か三荷の水を谷間から汲みあげれば生活が立つわけなのです。しかし、われわれが水を多く使うようになり、洗濯したり、風呂に入ったり、そういうものがわれわれの生活に入りこんでくると、そういう所で住むのが不便になってくる。水がある所へしだいに移っていくようになる。

ところが最近は丘の上にも水が来るようになる。そうしますと、小さなひとつの報告書の中に、非常に教えられるものを覚えたのです。つまり今までの考古学でやる仕事ならば、その部分は見落とされておったのです。その見落とされたものの中に大事なものがあったのです。それは現在までずっとつなぐことによって、明らかになった。それをしかも、見事に絵によって、図によってつないでいってくれた。

おそらく、これから先の考古学という学問は、変ってきはじめるのではないかと思うのです。単に少数の学者が議論を闘わすのではなくて、一般の人たちがそういう見方をしてくれるようになって、この学問は拡大せられるだろうと思います。そういう芽が、やはりこの大学の中に育ちつつあるんです。

この発掘の前にわれわれの仲間で、横浜の霧ケ丘というところを発掘しました。そしてたくさんの猪の落し穴を発見した。これも、ただ、それをそれだけにとどめておけばなんでもないことなのですが、われわれはできるだけ客観的に同じような情況が他にどれほどあるか、これはここだけの現象ではないというふうに考えておったのですが、猪の落し穴は、その後、全国ですでに二〇〇〇をこえるほど発掘されているとのことです。物の見方というものを、少し角度を変えて広げていきますと、そういう発見があるのです。われわれが霧ケ丘を掘るまでは、猪の落し穴の報告はゼロだったんです。狩猟といえば必ず投げ槍か弓で動物をとる、そう考えておった。ところが日本にはもうひとつ、落し穴をつくってそこに動物を落としこんでとるという狩猟法が根強く存在しておったことがわかってきたのです。それは単に狩猟を技術として見るのではなくて、生活として見ていくことから、発見せられたひとつの新しい分野であるといっていいと思います。

今申しあげましたこと、それらすべてが、つまり有形文化につながる問題なのです。目を見開いていることによって、それだけのことがわかってくるのです。と同時に、落し穴によって獣をとるということは、実は日本では非常に早くから発達しておった。魚を捕るにしても、網で捕るよりも、ウケといわれる罠をしかける漁法が多かった。

そういう漁法はなぜ存在したのかというと、魚の習性を知ることと、農業のかたわら漁業をやっておりますと、漁撈に多くの時間と力を注がないで、ごくごく手軽にそれを捕らえるということが工夫される。魚を捕らえる漁具の場合をとってみますと、明らかにそのことがいえるのです。このような生活と漁猟技術の絡み合いの中で、われわれの日常生活がいとなまれているわけです。このような落し穴式の漁具、あるいは落し穴式の猪や鹿をとる穴、そういうものを含めて、日本人の生活がどのようにしておこなわれていたか突き止めていくということは、大変大事なことと思います。

たとえば、狩りだけをしておるのなら人は移動します。弓や槍でもって動物をとっているなら、動物を追って人は移動しましょう。しかし、大きな穴を掘ってここに動物が落ちるのを待っているということになると、すでに定住が起っているということになるわけですね。日本における村落の発生というのは意外に古い時代にはじまったのではないか。そういうことになってくるわけです。

これらを通して見てみますと、そういうように定住してそこで生活を構築しようとする、それをずっと今日まで貫いてきている。はじめのうちは仲間で土地を共有していたのが細分化するようになって、それが小土地制につながってきたともみられる。今日のように、文化が発達してきてもなお、諸君らの家がその土地を郷里へ残しておいて、売ろうとしなかったり、東京は東京で、狭い土地を求めてそこに家を建てる。そういう習俗にまでつながってくるのです。社会問題というのは、一途にしてつながってきた問題ではないかと思うのです。

こういうふうに考えてみますと、われわれの生活は実に複雑な歴史、時間、空間の絡み合いの中でなお古い生活のしかたが生きていると思います。そこでわれわれがどのようにして生活の場をつくりあげてきたかを事実を通して見直したい。もう少し筋道のたった、体系のたった学問にしてみたい。同時に、諸君らの勉強の、あるいは考え方の参考になるようなものを構築していってみたいというのが私の念願だった。まだそこまでは間があると思います。しかし、たえざる努力が民衆の生活の法則のようなものの発見につながるでしょう。

私は、ここをやめましても、実はもうひとつ小さな研究所を持っています。日本観光文化研究所という研究所ですが、これはごく小さいのです。小さいけれども、ここを拠点にしてもう、ボツボこれから先、この学校で育った諸君の業績を書物などにして出していく仕事もやりたいと思っています。単に私の周囲におる人だけでなくて、諸君らの中に一人でもそういうことに関心を持ってやろうとする人がおるならば、私のほうはいつでも受けて立つ用意だけは持っておるわけです。それがこの学校の卒業生でなければ、あるいは学生でなければできないような価値の高いものにしていただきたい、それを念願してやまないのです。

大変、まとまらないことを申しましたけれども、私はそういうように考えて、今日まで活動を続けてきたのですが、まだ、私にとっては、すべてが終ったのではなく、すべて進行形の中にあるのです。進行形の中にあるのですが、一応、この学校の教師としては、このあたりで区切りをつけ、後始末をボツボツやって、先ほど申しましたように、瀬戸内海の研究も、なんとかまだ余命のあるあいだにまとめあげてみたいと思うのです。

それがどんな意味を持つのかということになりますと、大きな問題を抱えた瀬戸内海の将来に多少とも方向づけを見出すことができるようにしたいと思います。もう私は瀬戸内海問題を口にしはじめて久しいのです。新聞に書き、雑誌に書き、どこに問題があるのか摘発しはじめまして、すでに二〇年という年月がたっているのです。そのはじめは私の提言はほとんど取り上げられなかった。私が二〇年前にこうすべきだ、ああすべきだといったとき、おまえのいうことは古いと皆が指摘したのです。近ごろは大分かわってきました。しかし内海をほんとに真剣に見つめ、ひとつの地域社会としてとらえようとしている人は、案外少ないのではないでしょうか。ひとつには誰かがやってくれるだろうなどと思っていたのですが、やはり気のついた者がすすんで取り組んでいく以外に道はひらけてこないようです。

どうぞ、諸君らは、先ほどから申しあげましたように新しい目を持って、いろいろの事象が構造体の中でどう仕組まれているかという事実を突き止めるような工夫と、研究と、目を持っていただきたいと思います。

これをもって、私の話を終わります。

解　説

田村　善次郎

本巻は、宮本常一先生が書かれた父母、祖父母を中心とする家の歴史と自伝的な文章によって構成した。

宮本先生は、自分の体験を通じて語ることの多い人であったから、自分と周囲の人々について書かれたものはたくさんあり、すでに著作集に収録されている論考の中にも、断片的ではあっても自分の歩いてきた道に触れたものは多い。そうした中で『民俗学への道』（著作集第一巻）と『民俗学の旅』（昭和五三年　文藝春秋刊、一九九三年　講談社学術文庫）が自伝としてまとまったものであるが、この二著は何れも書名でもわかるように、民俗学者としての歩みを主としており、簡単にしか触れられていない部分が多い。本集に収録したものの中には、「二ノ橋界隈」のように、先の二著と重複する部分を多く含んだ文章もあるが、全く同じではなく、併せ読むことによって補完的な意味をもっていることがわかる。

本巻に収録した文章の大半は巻末の初出一覧でわかるように、大半が雑誌等に発表されたものであるが、「父の死」「祖母の死と葬儀の次第」「我が半生の記録」の三篇は、未発表で、印刷されるのはこれが最初である。「父の死」は昭和八年の日記からの抄出であり、「祖母の死と葬儀の次第」は、晩年を宮本家で過ごしていた母方の祖母の葬儀の様子を書き留めたもので、機会があれば民俗学関係の雑誌に発表するつもりであったのか、大学ノートにまとめられていたものである。「我が半生の記録」は結婚前、アサ子夫人に宛てて、二八年にわたる人生の軌跡と家関係の概略を記し、自分への理解を深めて欲しいという思いを込めて、渡したものであろう。本文部分は下部に「教授案　取石尋常高等小学校」と印刷された一七行詰めの両面罫紙四八枚（九六頁）に、先生独特の細かいきちんとした字で書かれており、濃鼠色の染紙を表紙にして綴じている。自分の半生を正直に振り返った、思いのこもった文章である。これまでに発表された自伝的文章では比較的簡略に記されていた大阪時代――逓信講習所から師範学校、教員時代――がかなり詳細、具体的に書かれている。ちなみにアサ子夫人との結婚は、昭和一〇年一二月二〇日であるが、師範学校時代からの親友、重田堅一氏に紹介され、初めてアサ子夫人と会ったのが四月一九日で、これが書かれたのは同年四月三〇日である。交際をはじめて一〇日ほどの間に、これだけの文章を書いているのである。なお蛇足になるが、常一略年譜に用いられている年齢は、当時の慣例にしたがって満年齢ではなく数え年である。

最後の部分に収録した「生活と文化と民俗学」は昭和五二年一月二一日に武蔵野美術大学退職記念講演として行なわれた講演の記録である。この講演記録は『生活学会報』一〇号（昭和五三年七月）と『汎』六号（昭和六二年九月）に収載されている。何れもその時に収録した講演テープからおこしたものであるが、細部についてみると微妙な違いがある。本巻には「講演の速記録をもとに、宮本常一氏に手を入れていただいた」と前書きにある『生活学会報』収載のものを収録した。ただ「生活と文化と民俗学」というタイトルは「汎」につけられたものを借用した。『生活学会報』の表題は「宮本常一・武蔵野美術大学退職記念講演」だけである。

先にも触れたように『民俗学への道』『民俗学の旅』などと併せ読むことによって、宮本先生の伝記的な全貌を窺い得ることにはなるかと思うのだが、詳細に読み比べていくと、年代や事項の齟齬する部分がいくつかあり、もっと明確に書いておいて欲しかったという部分がいくつもでてくるに違いない。それらを明確にしていくのは、残された者のこれからの仕事ということになる。

初出一覧

ふるさとの島　周防大島（原題「周防大島」）
　『日本に生きる』6　瀬戸内海編、国土社、昭和五一年（一九七六）
父祖三代の歴史（原題「家のうつりかわり」）
　『日本残酷物語』第四部　保障なき社会、平凡社、昭和三五年（一九六〇）
父祖の教うるところ
　『同志同行』七―六、同志同行社、昭和一三年（一九三八）九月
父のことば
　『在家仏教』二七―一一（二九二号）　社団法人在家仏教協会
父の死
　昭和八年（一九三三）日記
祖母の死と葬儀の次第
　原稿
母の思い出
　『幼児開発』一二、財団法人幼児開発協会、昭和四六年（一九七一）五月
母の記
　『母の記』自刊（タイプ印刷）、昭和三七年（一九六二）
我が半生の記録
　原稿、一九三五年（昭和一〇）四月

なつかしい人びと（原題「私の郵便局時代―なつかしい人びと―」）
『送金手帳』一―六（六号）、郵便貯金振興会、昭和五三年（一九七八）一二月
露路奥の人生
『若い郵政』二六、郵政弘済会、昭和五四年（一九七九）三月
師範学校時代
『青年心理』二三、金子書房、昭和五五年（一九八〇）一一月
二ノ橋付近
『青淵』、渋沢青淵記念財団龍門社、昭和四二年（一九六七）七月
古川が流れる小さな橋～深く厳しい農村の課題（原題「自伝抄―二ノ橋界隈―」）
『読売新聞』昭和五四年（一九七九）三月一七日～四月一〇日
民俗学への道
『向上』七四八、財団法人修養団、昭和四九年（一九七四）六月
百姓の子として
『展望』一五九、筑摩書房、昭和四七年（一九七二）年三月
理論と実践（原題「学問―理論と実践―」）
『人文科学への道』Ⅱ、未來社編集部編、未來社、一九七二年（昭和四七）
生活と文化と民俗学（原題「宮本常一・武蔵野美術大学退職記念講演」）
『生活学会報』五―一（一〇）、日本生活学会、昭和五三年（一九七八）七月

父母の記／自伝抄

宮本常一著作集 42

二〇〇二年 九 月三〇日 第一刷発行
二〇一〇年 一 月一五日 第二刷発行

定価（本体二八〇〇円＋税）

著 者 宮 本 常 一
編 者 田 村 善 次 郎
発行者 西 谷 能 英

発行所 株式会社 未 來 社
〒112-0002 東京都文京区小石川三―七―二
電話（代表）〇三（三八一四）五五二一
http://www.miraisha.co.jp/
info@miraisha.co.jp
振替 〇〇一七〇―三―八七三八五番
（㈱スキルプリネット・榎本製本）

ISBN978-4-624-92442-3 C0339

第26巻	民衆の知恵を訪ねて	3800円
第27巻	都市の祭と民俗	3600円
第28巻	対馬漁業史	3500円
第29巻	中国風土記	3200円
第30巻	民俗のふるさと	3500円
第31巻	旅にまなぶ	3500円
第32巻	村の旧家と村落組織 1	3800円
第33巻	村の旧家と村落組織 2	3800円
第34巻	吉野西奥民俗採訪録	5500円
第35巻	離島の旅	3200円
第36巻	越前石徹白民俗誌・その他	3500円
第37巻	河内国瀧畑左近熊太翁旧事談	3800円
第38巻	周防大島を中心としたる海の生活誌	3800円
第39巻	大隅半島民俗採訪録・出雲八束郡片句浦民俗聞書	3800円
第40巻	周防大島民俗誌	3800円
第41巻	郷土の歴史	3800円
第42巻	父母の記/自伝抄	2800円
第43巻	自然と日本人	2800円
第44巻	民衆文化と造形	2800円
第45巻	民具学試論	3800円
第46巻	新農村への提言 1	3800円
第47巻	新農村への提言 2	3800円
第48巻	林道と山村社会	3800円
第49巻	塩の民俗と生活	4200円
第50巻	渋沢敬三	4800円
第51巻	私の学んだ人	(続刊予定)

宮本常一著作集

第1巻	民俗学への道	3200円
第2巻	日本の中央と地方	3200円
第3巻	風土と文化	2800円
第4巻	日本の離島 第1集	3200円
第5巻	日本の離島 第2集	3500円
第6巻	家郷の訓・愛情は子供と共に	3000円
第7巻	ふるさとの生活・日本の村	2800円
第8巻	日本の子供たち・海をひらいた人びと	2800円
第9巻	民間暦	2800円
第10巻	忘れられた日本人	3200円
第11巻	中世社会の残存	3200円
第12巻	村の崩壊	3200円
第13巻	民衆の文化	3500円
第14巻	山村と国有林	3200円
第15巻	日本を思う	3500円
第16巻	屋久島民俗誌	3200円
第17巻	宝島民俗誌・見島の漁村	3200円
第18巻	旅と観光	3200円
第19巻	農業技術と経営の史的側面	3200円
第20巻	海の民	2800円
第21巻	庶民の発見	3200円
第22巻	産業史三篇	3200円
第23巻	中国山地民俗採訪録	3800円
第24巻	食生活雑考	3200円
第25巻	村里を行く	3800円